AVANT-PROPOS

Dans notre monde en pleine mutation, c'est souvent l'aspect directement utilitaire des études secondaires qui est mis en avant, en oubliant l'aspect profondément formateur des langues anciennes, si nécessaires à la compréhension de l'évolution de l'homme et de la société. Les nouveaux programmes définis par le Ministère de la Communauté française en 1999 sont peut-être une chance pour les langues anciennes de contribuer de façon solide et concrète à l'acquisition des ***compétences terminales***, par le biais de cette culture fondamentale pour notre société moderne. L'outil synthétique que nous proposons ici se voudrait une contribution à ce programme.

Pour la civilisation occidentale, la Grèce a joué un rôle fondateur. La pensée rationnelle, la philosophie, les sciences y sont nées. Les principaux genres littéraires que l'on connaît aujourd'hui y ont vu le jour. La littérature occupe donc une place de choix dans cette filiation. Il nous a ainsi paru essentiel d'offrir aux élèves deux outils pratiques pour élaborer leurs travaux de recherches:

- d'une part, une ***ligne chronologique*** permettant bien sûr de situer les œuvres et leurs auteurs, mais aussi de saisir les contextes historique et politique dans lesquels naît une œuvre;
- d'autre part, ce ***référentiel*** offrant un complément d'information sur le contexte littéraire de l'époque.

Nous avons choisi, pour exposer les littératures grecque et latine, le classement en ***genres littéraires,*** en imbriquant, autant que faire se peut, les deux littératures. En effet, il nous a paru beaucoup plus enrichissant de les considérer pour ce qu'elles étaient à l'époque, à savoir deux littératures dérivant l'une de l'autre, tout en ayant de nombreuses interférences. Dans l'Antiquité, tout Romain instruit connaissait les grands auteurs grecs, et de même, après la conquête de la Grèce par Rome, tout Grec érudit était au courant de la vie littéraire romaine. Certains auteurs ont traité de sujets latins en grec et inversement.

Aujourd'hui, de nombreux élèves font du latin sans grec ou du grec sans latin. Nous avons pensé qu'il serait plus enrichissant pour eux de disposer d'un référentiel leur donnant accès aux deux ***cultures intégrées*** afin de rendre aux textes leur portée réelle. Si l'approche par genre peut, à première vue, dérouter et paraître plus ardue, elle ouvre à une lecture non linéaire des auteurs.

Nous n'avons pu aborder tous les auteurs figurant sur la ligne chronologique malgré notre souci d'élargir le plus possible l'éventail littéraire. Mais il resterait dommage de terminer ses études secondaires en langues anciennes en n'ayant entendu parler que des écrivains "incontournables".

Un référentiel n'a pas, par nature, la prétention d'être un manuel exhaustif. Il ne dispense ni du recours aux explications du professeur ni des lectures plus approfondies sur les différents thèmes étudiés. Simplement, celui-ci fournit les ***repères*** nécessaires à la compréhension des littératures grecque et latine, tout en explicitant les informations présentes sur la ligne chronologique.

TABLE DES MATIÈRES

INTRODUCTION

La littérature grecque est une littérature originale. En effet, les Grecs ne s'inspirent d'aucune culture écrite préexistante. Ce sont eux qui élaborent leur propre mythologie, et qui développent différents genres littéraires qui seront repris en grande partie par les auteurs latins, puis passeront dans nos cultures.

Une multitude de dialectes

Le grec est une langue indo-européenne importée en Grèce dès les 3e – 2e millénaires avant J.-C. A l'époque archaïque, il n'existe pas de langue grecque unifiée, mais une multitude de dialectes répartis en quatre familles principales: ***l'arcado-cypriote***[1], ***l'éolien***[2], ***l'ionien-attique***[3] et le ***dorien***[4] ou ***grec occidental***. Par convention, lorsque l'on parle du "grec classique", il s'agit du dialecte parlé à Athènes au Ve s. avant J.-C., à l'époque de sa splendeur, une langue du groupe *ionien-attique*[5].

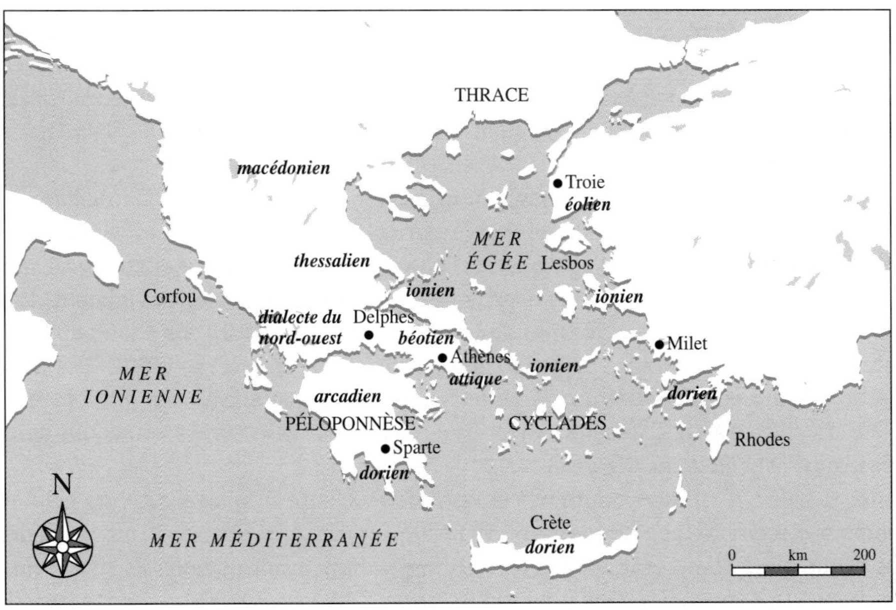

A chaque genre sa langue

En poésie, le dialecte utilisé n'est pas nécessairement lié à l'origine géographique des poètes, mais plutôt au genre littéraire que ce dialecte a d'abord illustré. Ainsi, l'*Iliade* et l'*Odyssée*, les célèbres poèmes épiques attribués à HOMÈRE, sont des poèmes originaires d'Ionie, et composés en ***ionien***. Deux siècles plus tard, HÉSIODE, né en Béotie, utilisera lui aussi l'ionien comme HOMÈRE plutôt que la langue de sa région, l'éolien. De même, traditionnellement, l'élégie utilisera, elle aussi, l'ionien, même si l'auteur, TYRTÉE par exemple, vit à Sparte.

Pour le théâtre, les parties récitées des grandes tragédies se feront en ***attique*** tandis que les chœurs seront en ***dorien***, langue du lyrisme choral, qui s'est développé à Sparte.

Question de rythme

Le vers grec n'est pas basé sur la rime mais sur la musicalité, le **rythme**. Le vers grec est donc une succession de pieds comportant des syllabes longues et brèves, ordonnés selon un schéma rythmique. La poésie épique utilise celui de l'*hexamètre dactylique*, c'est-à-dire des vers de six pieds (ou *mètres* dans le cas de l'hexamètre) composés de spondées (–) et de dactyles (– » »), accentués sur la première longue, qui porte le ton, et coupés par une césure à l'hémistiche (un *hémistiche* = 1/2 vers).

1. En Arcadie (située au centre du Péloponnèse) et à Chypre.

2. Au nord d'Athènes, en Béotie, et dans les colonies grecques éoliennes du nord de l'Asie Mineure, y compris l'île de Lesbos.

3. A Athènes et dans l'île d'Eubée, dans la plupart des Cyclades et dans les colonies grecques ioniennes du sud de l'Asie Mineure (du sud de Lesbos à Rhodes).

4. Dans la région de Sparte (Péloponnèse) et en Crète.

5. Ce n'est qu'au IVe s. av. J.-C., avec Alexandre le Grand, que l'usage des dialectes diminuera pour céder la place à l'emploi d'une "langue commune" (la *koinè*) provenant de l'ionien-attique.

I. LA POÉSIE

"Poésie" est un terme générique qui désigne tous les écrits en vers. Plutôt que de parler de "poésie", il est plus exact de classer les textes poétiques d'après le genre de sujet qu'ils traitent. On parle donc de ***l'épopée****, de la poésie* ***mythologique*** *ou* ***religieuse****, de la poésie* ***didactique*** *(philosophique et autre), de la poésie* ***lyrique****, de la* ***satire*** *et de* ***l'épigramme****, du* ***théâtre****. Ici, pour plus de commodité, nous traiterons du théâtre séparément, et nous rangerons la satire et l'épigramme dans la poésie lyrique.*

A. La poésie archaïque

1. LA POÉSIE ÉPIQUE

La littérature grecque s'est d'abord illustrée par la poésie épique, vers les IXe et VIIIe s. av. J.-C., avec deux grands poèmes épiques: **l'Iliade** et **l'Odyssée**.
Une épopée est un long poème narratif qui raconte les exploits d'un héros ou d'un peuple, dans un contexte généralement merveilleux. L'Iliade et l'Odyssée *se rattachent au* cycle troyen[6]. *Ce sont deux longs poèmes en vers et divisés en 24 chants. Ils sont écrits en hexamètres dactyliques, vers de 6 pieds, donnant le rythme au poème.*

Les textes de l'*Iliade* et de l'*Odyssée* sont attribués à **HOMÈRE.** Ce dernier serait un poète aveugle originaire d'Ionie (Smyrne, en Asie Mineure) et ayant vécu au IXe s. av. J.-C. Mais en fait, il s'agit plutôt d'une œuvre composite qui remonte à la tradition orale. En effet, aux temps archaïques, des poètes (les **aèdes**) allaient de ville en ville et récitaient des vers en s'accompagnant à la cithare. Ils chantaient les exploits des héros qui avaient participé à la guerre de Troie (vers -1200). Ces poèmes oraux pouvaient être mémorisés plus facilement grâce à la *diction formulaire*[7]. Aux IXe et VIIIe s. av J.-C., ces poèmes dispersés furent sans doute réunis en deux grandes œuvres: *l'Iliade* et *l'Odyssée*.

Ainsi, HOMÈRE n'est sans doute pas le nom de leur auteur, mais peut-être celui de l'aède qui a rassemblé les textes oraux pour la première fois. Ensuite, d'autres aèdes ont continué à les compléter, au gré de leur inspiration, avant qu'enfin ils soient mis par écrit au VIe s. av. J.-C. à l'initiative de *Pisistrate d'Athènes*. On trouve donc dans les poèmes homériques des parties **d'origines** et **d'époques différentes**. Si les parties les plus anciennes nous font remonter aux temps des Mycéniens (époque de la guerre de Troie), les parties les plus récentes nous décrivent le monde grec des VIIIe et VIIe s av. J.-C. Ils contiennent donc pêle-mêle des éléments s'étalant sur six siècles d'histoire.

L'ILIADE

Les premiers vers de *l'Iliade* nous en indiquent le sujet: la colère d'Achille, le champion des Grecs. Le récit s'ouvre donc à la fin de la guerre de Troie (qui porte aussi le nom d'*Ilion*, d'où le nom du poème), la neuvième année, au moment où la peste s'est abattue sur l'armée grecque, décimant les troupes. La recherche d'une solution à cette crise donne lieu à une violente querelle entre Agamemnon et Achille, amenant Achille à refuser de combattre. Le récit balaye, en fait, l'histoire de quelques jours: des combats où les Troyens ont le dessus sur les Grecs; l'intervention de Patrocle, le grand ami d'Achille, qui obtient que le héros lui prête ses armes pour combattre à sa place afin de remonter le moral des troupes grecques; les succès remportés par Patrocle qui réussit à repousser les Troyens mais se fait tuer par Hector, le champion des Troyens, ce qui décide Achille à reprendre le combat et à tuer Hector. *L'Iliade* se termine sur les funérailles de Patrocle et l'apaisement de la colère d'Achille qui consent à rendre à Priam, le vieux roi des Troyens, le corps de son fils Hector. *L'Iliade* est donc non seulement une *geste héroïque*[8] mais aussi un drame qui contient tous les

6. C'est-à-dire aux épopées qui ont rapport avec l'histoire et les héros de la guerre de Troie. L'objectif avoué de cette guerre était de récupérer *Hélène*, la femme du roi de Sparte *Ménélas*, enlevée par *Pâris*, prince de la ville de Troie, en Asie Mineure, à l'emplacement d'Isarlik, en Turquie actuelle. Les Grecs s'étaient donc coalisés, sous la conduite du roi d'Argos *Agamemnon*, frère de *Ménélas*, pour leur faire la guerre.

7. Emploi de certaines formules telles que les épithètes homériques (par exemple, *"Achille aux pieds légers"*, *"l'Aurore aux doigts de rose"*, ...) ou bien des formules introduisant ou clôturant des discours (*"ainsi parla X"*, *"X à son tour lui répond"* ...). Ces formules occupent un demi vers et sont très souples: elles peuvent être déclinées ou conjuguées pour s'adapter aux circonstances et constituent dès lors des "relais" dans la mémorisation.

8. C'est ainsi qu'on appelle l'épopée au Moyen Age.

éléments de la tragédie, axé sur les sentiments et sur l'intervention du destin et des dieux dans les affaires humaines. En effet, si le poème reflète la lutte des hommes entre eux (Grecs contre Troyens), il traduit aussi les affrontements entre les dieux qui soutiennent l'un ou l'autre camp, et il consacre le rôle inexorable du destin, loi supérieure à laquelle hommes et dieux sont soumis.
En effet, si les passions humaines entraînent les actes et façonnent en partie l'histoire, *l'Iliade* présente aussi les hommes comme des marionnettes manipulées par les dieux qui, eux-mêmes, sont soumis à la loi du destin. Entre les dieux protecteurs se dresse Zeus, qui tient la balance du destin. Elle penche tantôt d'un côté, tantôt de l'autre, et il donne parfois des coups de pouce où il faut pour maintenir l'équilibre.

L'ODYSSÉE

Dans *l'Odyssée* aussi, le sujet est introduit par les premiers vers: *l'homme aux mille ruses*, ses errances et ses souffrances après la chute de Troie, avant de retrouver son pays. Cet homme, c'est **Ulysse** (en grec *Odysseus*, d'où le nom du poème). *L'Odyssée,* racontant le retour du héros grec Ulysse juste après la guerre de Troie, se rattache donc également au cycle troyen. Mais contrairement à *l'Iliade* qui nous présente un récit linéaire, *l'Odyssée* offre une composition complexe. Le récit commence à la fin de la dixième année d'errances du héros, retenu captif par la nymphe Calypso, et couvre les 41 derniers jours de ses aventures. Mais le poème nous offre plusieurs tableaux en parallèle:

- la recherche d'Ulysse par son fils Télémaque (quatre chants appelés "*Télémachie*");
- la dernière étape de l'errance du héros, recueilli à la cour d'Alcinoos, roi des Phéaciens. A cette occasion, il fera le récit du début de ses aventures, recourant ainsi à la technique du *flash-back*.
- Le retour *incognito* sur son île d'Ithaque, ponctué d'une série de reconnaissances, sa vengeance sur les prétendants qui courtisent son épouse, la fidèle Pénélope, et l'éviction des "traitres" du palais, pour arriver aux retrouvailles finales avec son épouse Pénélope et avec son père Laërte.

Le climat de *l'Odyssée*, ainsi que sa structure, sont totalement différents de ceux de *l'Iliade*. Ce retour d'Ulysse est un récit où la ***péripétie*** tient une grande place, et qui accorde un rôle important à des figures humaines telles que Pénélope, la jeune princesse phéacienne Nausicaa, ou encore le père d'Ulysse, Laërte, et son porcher Eumée. Bien que le merveilleux soit abondamment présent, l'intervention des dieux y est moins fondamentale que dans *l'Iliade*. Ici, les dieux ne sont plus des manipulateurs de marionnettes, mais représentent plutôt une justice interne qui punit et récompense les actions ou les vertus des hommes[9].

L'Iliade et *l'Odyssée* eurent un retentissement énorme sur la littérature, non seulement grecque mais aussi européenne. HOMÈRE fut considéré par les Grecs comme le **Père de la littérature**. PLATON disait de lui qu'il avait fait l'éducation de la Grèce. C'est en lisant ses œuvres que les enfants apprenaient à lire et y trouvaient les rudiments de leurs connaissances en géographie et en mythologie. Ces textes, souvent cités par les auteurs grecs et latins, furent imités de l'Antiquité (VIRGILE, 70-19) à l'époque contemporaine (JAMES JOYCE, 1882-1941).

2. LA POÉSIE DIDACTIQUE ET MYTHOLOGIQUE

Au VIIe s. av J.-C., un poète paysan de Béotie trouva de nouvelles sources d'inspiration et innova en introduisant de nouvelles formes de poésie: la poésie didactique et la poésie mythologique.

HÉSIODE a laissé deux œuvres importantes: la *Théogonie* et les *Travaux et les Jours*. Comme HOMÈRE, il écrit en hexamètres dactyliques et sa langue présente de nom-

9. Ainsi, Poséidon punit Ulysse pour avoir aveuglé son fils Polyphème, l'ensemble des dieux punit les prétendants de Pénélope pour leurs crimes, et récompensent Ulysse pour son courage ainsi que Pénélope pour sa patience.

breuses ressemblances avec celle de ce dernier. Toutefois, il nous introduit dans un univers poétique tout autre que celui du monde épique des héros.

- La *Théogonie* est un long poème mythologique ou religieux. Elle est axée presque uniquement sur les dieux, dont HÉSIODE retrace la généalogie pour aboutir à l'émergence du règne de Zeus, présenté comme celui de l'ordre et de la justice, par opposition au Chaos primordial. C'est pourquoi HÉSIODE est considéré, avec HOMÈRE, comme le fondateur de la théologie grecque et c'est là un des grands intérêts du poète.
- *Les Travaux et les Jours* constitue le premier poème didactique (qui vise à enseigner, à donner des leçons) de la littérature grecque. Cette œuvre représente le monde quotidien du paysan de Béotie et nous transmet des renseignements très intéressants sur la vie des paysans dans ces temps très anciens. La leçon morale qu'il livre est que le travail doit être reconnu comme une valeur. Ce genre didactique sera développé à Rome par VIRGILE dans ses *Géorgiques*.

HÉSIODE écrit à une époque où la société se cherche, entre le modèle aristocratique d'HOMÈRE et les futurs systèmes démocratiques qui restent encore à inventer. En cette période de crise et de colonisation, il insiste dans ses deux poèmes sur le thème de la justice *qu'il présente comme un idéal.*
Après les pères fondateurs HOMÈRE *et* HÉSIODE, *les deux siècles suivants sont dominés par l'émergence de la poésie lyrique et de la philosophie. Avec, au VIIe s av J.-C., la prédominance de la poésie lyrique et, au VIe s. celle de la philosophie.*

3. LA POÉSIE LYRIQUE RÉCITÉE

La poésie lyrique (liée à la lyre) se distingue de la poésie épique par l'importance plus grande accordée à la **musique**. *Alors que la poésie épique est longue, solennelle, récitée avec accompagnement de la cithare, la poésie lyrique est plus courte et plus intimement liée à la musique. Elle peut être soit récitée, accompagnée à la lyre ou à la flûte, soit chantée, soit même accompagnée de danses.*
Ce n'est sans doute pas un hasard si les genres poétiques se transforment et se diversifient au VIIe s. La société est, elle aussi, en pleine transformation. Désormais, les côtes d'Asie Mineure sont occupées par des colonies grecques éoliennes, ioniennes et doriennes. Les rivalités sont fréquentes entre elles et débouchent souvent sur des guerres. Les systèmes politiques sont en mutation. Les royautés ont disparu, les régimes aristocratiques sont remplacés par des tyrannies[10] s'appuyant sur le peuple (Pittacus *à Mytilène,* Périandre *à Corinthe...). A Athènes,* SOLON *jette les bases de la démocratie. C'est aussi l'époque des Sept Sages, dont font partie Solon, Pittacus et Périandre. Les temps sont donc propices à exprimer des idées et des sentiments personnels, liés au présent, plutôt qu'à glorifier les anciens héros du passé. Malheureusement, il ne nous reste souvent que des fragments de textes ayant survécu au naufrage du temps dans des extraits cités par d'autres auteurs (souvent des grammairiens) ou retrouvés récemment sur des morceaux de papyrus. Il est donc parfois bien difficile d'apprécier à sa juste valeur le foisonnement et l'originalité poétique de cette période*[11].
La poésie lyrique récitée avec accompagnement musical est représentée par 3 genres: ***l'élégie, l'épigramme****, les* ***iambes.***

a. L'ÉLÉGIE

Le terme "élégie" pourrait venir d'un mot phrygien signifiant "flûte". On pense que la poésie élégiaque a été, à l'origine, accompagnée du son de la flûte. Du point de vue rythmique, l'élégie est la plus proche de l'épopée *(cf p.4)*. *Comme celle-ci, elle est basée sur le rythme de l'hexamètre dactylique. Elle est composée d'un ensemble de distiques*[12] *élégiaques. Les pièces sont plus courtes que les épopées. Ce rythme se prête particulièrement bien à l'expression du sentiment, surtout la mélancolie, mais aussi à celle de la sentence.*

10. Le sens ancien de "tyran" n'est pas celui de "dictateur". Bien qu'il s'agisse d'un gouvernement absolu, c'est généralement le peuple qui le confie à des "sages" qui essaient de gouverner pour le bien de leurs sujets.

11. Que retiendrait-on de Rimbaud s'il n'en restait que quelques vers dispersés dans des grammaires françaises?

12. *distique* signifie "ensemble de deux vers".

Aussi, on peut la diviser en élégie guerrière, politique, sentimentale ou morale, selon les sujets qu'elle développe. Ce genre refleurira à Rome avec des poètes tels que TIBULLE, PROPERCE, et OVIDE *(cf. pp.16-17). Elle sera alors davantage sentimentale et mélancolique.*

a.1. L'élégie guerrière

CALLINOS D'ÉPHÈSE, au VIIe s. avant J.-C., exhorta ses concitoyens des colonies d'Asie Mineure à lutter contre les envahisseurs barbares venus d'Orient.
TYRTÉE DE SPARTE, écrivit des exhortations au combat qui ont nourri des générations de Spartiates et leur ont servi d'hymne national. En outre, TYRTÉE a aussi écrit des chants de guerre en dialecte dorien.
SIMONIDE DE CÉOS s'illustra plus tard, au VIe s. av. J.-C., dans ce type d'élégie sur de grandes batailles (de Marathon, Salamine, Platées...).

a.2. L'élégie politique

SOLON fut archonte[13] d'Athènes en 594 av. J.-C. Surtout connu comme l'homme des réformes politiques qui dota Athènes d'une constitution, il fut mis au rang des *Sept Sages* de la Grèce. Dans ses élégies politiques, il explique notamment l'esprit de sa législation, qui est à l'origine de la démocratie et de l'essor d'Athènes.

a.3. L'élégie sentimentale

MIMNERME vient de Colophon, une colonie d'Ionie. Il était contemporain de SOLON. Ses vers expriment le sentiment personnel, comme la mélancolie de la fuite du temps et de la brièveté de la jeunesse qu'il faut cueillir avant que viennent les affres de la vieillesse. C'est en quelque sorte un "épicurien" avant la lettre[14]. Il est considéré comme le père de l'élégie amoureuse, qui inspira plus tard à Rome TIBULLE et PROPERCE *(cf. p.16-17)*.

a.4. L'élégie morale

THÉOGNIS DE MÉGARE s'illustre dans l'élégie morale un siècle plus tard. Aristocrate, antidémocrate[15], il dut subir l'exil et la pauvreté. Il en reste profondément aigri et nous transmet dans ses vers sa rancœur, son pessimisme, sa haine de ses ennemis, ses colères et ses désirs de vengeance. Mais il nous livre aussi des maximes philosophiques et des conseils de morale où il prône la modération et le refus du désespoir.

b. L'ÉPIGRAMME ET LES IAMBES

Petite élégie en quelques distiques, ***l'épigramme*** *pouvait servir d'épitaphe, d'inscription d'offrande, de déclaration d'amour ou encore de réflexion philosophique.*

ARCHILOQUE DE PAROS *(lire ci-dessous)* fut un des premiers à l'illustrer, mais elle fut surtout représentée bien plus tard, à l'époque alexandrine, par CALLIMAQUE *(cf. p.10)*. Le genre fut développé à Rome par MARTIAL.

La ***poésie iambique*** *se caractérise par l'utilisation d'un rythme très différent de ce qui précède. Elle est basée sur l'iambe donnant à la pièce un rythme sautillant, incisif, qui le destine très bien à l'expression de la* ***satire*** *mordante.*
Deux poètes de l'époque archaïque originaires des Cyclades l'ont surtout utilisé:
ARCHILOQUE DE PAROS et SÉMONIDE D'AMORGOS.
A Rome, l'iambe sera utilisé notamment par CATULLE et HORACE.

ARCHILOQUE DE PAROS, le premier auteur connu de iambes, en a porté l'art à son sommet. Ses vers nous le présentent comme une figure anticonventionnelle,

13. L'un des neuf magistrats qui gouvernaient la république d'Athènes.

14. disciple d'ÉPICURE (philosophe athénien du IIIe s. av. J.-C., cf. p.32).

15. On connaît de lui ces mots: "J'écrase du talon la plèbe imbécile".

individualiste, qui mène une vie de bohème et manie la raillerie avec une verve remarquable. Mort au combat en 664 av. J.-C., les Grecs le considéraient comme un de leurs plus grands poètes.

SÉMONIDE D'AMORGOS également s'illustra dans les iambes, mais son inspiration est moins personnelle. Il est connu pour une satire sur les femmes, où il décrit différents types féminins en les comparant à des animaux!

4. LA POÉSIE LYRIQUE CHANTÉE

A côté de la poésie lyrique récitée, se développe une poésie lyrique ***chantée****, la poésie mélique. Les poèmes de ce type s'appellent* ***odes*** *(chant, "carmen" en latin). L'ode peut être destinée à être chantée en solo, la poésie* ***monodique****, ou en groupe, la poésie* ***chorale****.*

a. L'ODE

L'ode est chantée par une personne au cours de réunions privées. Du point de vue métrique, elle se distingue des autres poèmes par une structure en ***strophes*** *où les mètres sont réglés et se répètent*[16]*, tout comme une chanson composée de couplets de même rythme. Ce genre fleurit surtout à Lesbos, île éolienne proche de l'Asie Mineure au climat merveilleusement doux et à la civilisation brillante et raffinée. La société lesbienne est beaucoup plus libre que la société ionienne, et la femme y jouit d'une condition bien supérieure. Elle peut disposer de considération et d'une grande indépendance; elle bénéficie d'une éducation littéraire et artistique tournée vers l'extérieur.*
Mais aux VIIe-VIe s. av J.-C., la situation politique y est assez troublée, les tyrans se succèdent. De plus, les luttes de rivalité pour la protection des colonies d'Asie Mineure sont fréquentes et débouchent sur de longues guerres. C'est dans ce climat que naissent, dans la seconde moitié du VIIe s. av J.-C., les deux plus grands poètes lyriques grecs: ALCÉE *et* SAPPHO*. Ils écrivent tous deux en éolien.*

ALCÉE était un jeune aristocrate de Mytilène (ville de Lesbos). Ayant comploté contre les tyrans du parti démocratique, il fut condamné à l'exil et écrivit des poèmes où il attaquait violemment ses ennemis politiques. Mais il a chanté aussi l'amour, les joies du banquet et des soirées entre amis, ce dont plus tard s'est inspiré HORACE. Il a bien connu SAPPHO et l'aurait même aimée.

SAPPHO, contemporaine d'ALCÉE quoique légèrement plus jeune, est sans conteste la plus grande poétesse de l'Antiquité. PLATON l'appelle *la dixième muse*. Elle dut, elle aussi, subir des années d'exil. Elle fonda une école de chant et de danse très réputée et écrivit des poèmes où transparaît son âme passionnée, sensible aux moindres beautés de l'univers, et empreints d'une fraîcheur merveilleuse. Malheureusement, son œuvre abondante nous est parvenue très mutilée, après les autodafés[17] datant des IVe et XIe s. ap. J.-C., car l'Eglise condamnait ses amours féminines. Il semble pourtant qu'à l'époque, ces mœurs n'étaient pas choquantes et peut-être encore moins dans l'île de Lesbos, privée pendant tant d'années de la présence des jeunes hommes partis à la guerre. Quoi qu'il en soit, les poèmes où elle nous parle de ses émois amoureux sont toujours remplis de délicatesse et de naturel, ce qui leur confère une allure très moderne. A Rome, CATULLE, qui l'admirait beaucoup, s'inspira de ses poèmes et utilisa sa strophe.

ANACRÉON DE TÉOS, en Asie Mineure, est, après ALCÉE et SAPPHO, le dernier grand nom de la poésie monodique archaïque. Il vécut à la cour de Polycrate, tyran de Samos, et d'Hipparque, tyran d'Athènes. ANACRÉON est donc un poète de cour. Il écrit des odes où il chante l'amour, le vin, les banquets, le tout avec un art élégant, gracieux et raffiné qui séduira plus tard les Alexandrins.

16. Les schémas de strophes les plus célèbres sont ceux de la strophe *alcaïque* (due à ALCÉE) et de la strophe *saphique* (due à SAPPHO).

17. mot portugais signifiant "acte de foi". C'est ainsi qu'on appelait la destruction par le feu des livres jugés pervers par l'Eglise.

Il sera imité dans une série de 62 poèmes rassemblés sous le nom d'"*odes anacréontiques*" et dus à des poètes de différentes époques (du IIe s. av. J.-C. au IV s. ap. J.-C.) qui, à leur tour, ont inspiré les latins et les poètes français de la Renaissance, comme RONSARD (XVIe s.).

b. LA POÉSIE CHORALE

*La poésie **chorale** est faite pour être chantée par des chœurs et est accompagnée de **danses** rythmiques à l'occasion de fêtes publiques ou de jeux. Elle a surtout été développée dans la société dorienne, où la vie publique prenait le pas sur la vie individuelle ou privée. C'est donc la langue **dorienne** qui s'est imposée traditionnellement dans ce genre poétique.*

*Contrairement au poème monodique, ce type d'**ode d'apparat** se compose d'un ensemble de **triades** (strophe, antistrophe et épode) où la strophe et l'antistrophe ont la même mélodie alors que l'épode a un rythme différent.*

Selon le sujet traité, on distingue:

1. *les **parthénées**: chants de procession exécutés par un chœur de jeunes filles.*
2. *les **hymnes**: chants graves en l'honneur d'un dieu ou d'un héros. En particulier, lorsqu'il s'agit d'Apollon, on les appelle **péans**.*
3. *les **épinicies** (ou odes triomphales): chants composés en l'honneur d'un vainqueur à des jeux sportifs ou religieux (olympiques, pythiques, isthmiques et néméens).*
4. *les **dithyrambes**: chants tumultueux et passionnés en l'honneur de Dionysos, et qui seront à l'origine de la tragédie.*
5. *les **hyporchèmes**: chants religieux de rythme vif, accompagnés de danses.*
6. *les **thrènes**: chants exécutés à l'occasion des funérailles.*

Parmi les représentants du lyrisme choral, les plus anciens sont ALCMAN *et* STÉSICHORE, *à peu près contemporains.*

ALCMAN, qui vécut à Sparte, est peut-être celui à qui l'on doit la coutume de composer les œuvres chorales en dorien. Il a surtout écrit des *parthénées*, chantées et dansées par les chœurs de jeunes filles spartiates.
STÉSICHORE d'Himère venait de Sicile. Son nom, qui signifie "*le maître de chœur*", était sans doute un surnom. Peut-être est-ce à lui que l'on doit l'invention de la triade en remplacement de la strophe. Les anciens l'appréciaient beaucoup, jusqu'à le placer après PINDARE dans les rangs des meilleurs poètes lyriques grecs. On lui doit surtout des *Hymnes* à l'inspiration mythique, qui en font un héritier d'HOMÈRE. Son œuvre abondante a en grande partie disparu.
ARION de Méthymne (originaire aussi de Lesbos) n'est plus pour nous qu'un nom, lié à la légende selon laquelle, s'étant jeté à la mer pour échapper à des pirates, il aurait été sauvé par un dauphin. Il semblerait qu'il fut le disciple d'ALCMAN et l'inventeur du *dithyrambe*.
SIMONIDE DE CÉOS (cf. p. 7) se serait lui aussi illustré dans le lyrisme choral, un siècle plus tard (VIe–Ve s.) avec des *dithyrambes*, des *thrènes* et des *épinicies*, peut-être les premières. SIMONIDE serait le premier poète à avoir chanté des hommes, et non des héros ou des dieux.

Mais l'auteur le plus représentatif des épinicies (et dont l'œuvre fut mieux conservée) est PINDARE, *qui vécut à Thèbes un peu après* SIMONIDE.

PINDARE, considéré comme ***le plus grand des lyriques grecs***, s'est essayé à tous les genres du lyrisme choral, mais on n'a conservé de lui que ses *épinicies*. Bien que celles-ci soient des compositions de commande, elles sont néanmoins empreintes de génie.

Les épinicies étaient destinées à être exécutées lors du retour triomphal du vainqueur dans sa ville natale, soit dans le cortège devant sa maison, soit au cours du festin qui s'y déroulait. Il ne s'agit pas de la description de l'épreuve sportive, mais d'un éloge du vainqueur, de sa famille, de sa cité, du mythe qui se rattache aux jeux en question ou à la cité du vainqueur, ainsi que de réflexions morales ou religieuses. Ne suivant aucun plan fixe, elles présentent une grande liberté de composition. Leur but est de faire sentir que la valeur de l'homme, grâce à l'intervention des dieux, lui vaut une gloire immortelle.

BACCHYLIDE DE CÉOS, neveu de SIMONIDE qui l'aurait initié au genre choral, est également un représentant des épicinies. Jusqu'à la fin du XIXe s., nous n'en connaissions qu'une centaine de fragments, mais la découverte de papyrus égyptiens nous a restitué une vingtaine de ses poèmes. BACCHYLIDE fut considéré comme le rival de PINDARE. Il a également composé des *péans* et des *dithyrambes*, qui sont sans doute ses poèmes les mieux réussis. Sa virtuosité lui a valu le titre de "Rossignol de Céos".

B. La poésie alexandrine

A la fin du 4e siècle av. J.-C., la Grèce est conquise par les Macédoniens et dominée par Philippe puis par Alexandre. La démocratie a succombé, et Athènes a perdu sa primauté. Le centre culturel de ce nouveau monde, plus étendu vers l'Orient, se déplace à ***Alexandrie****, gouvernée par les Ptolémées. Ceux-ci y attirent de nombreux savants venus de partout et fondent le Musée et les Bibliothèques:*

- *le* Musée, *littéralement "endroit consacré aux Muses", est un ensemble de bâtiments qui regroupent des savants entretenus par les rois. Ils s'y livrent à l'étude et à l'enseignement.*
- *une des deux* Bibliothèques *est intégrée au* Musée *et regroupera plus de 500 000 volumes. L'autre, plus petite, située dans le* temple de Sérapis, *recueille les manuscrits que l'on possède en double.*

Quelques autres villes de l'espace hellénistique jouissent également d'un attrait littéraire important. Elles se situent en Asie Mineure, comme Pergame[18] *et Antioche*[19], *et en Sicile, comme Syracuse*[20].

Cette période se caractérise par un grand attrait pour les sciences et l'érudition. La poésie se développe en vase clos, entre gens de lettres. C'est dans ce contexte que l'on voit fleurir une poésie précieuse et savante dont les représentants sont CALLIMAQUE, THÉOCRITE *et* APOLLONIUS.

CALLIMAQUE est né à Cyrène, en Libye. Après avoir étudié la philosophie à Athènes, il fonda une école de grammaire à Alexandrie et y dirigea la Bibliothèque. Il est le plus grand représentant de la poésie alexandrine. Il avait deux grands principes: l'esprit critique à l'égard des idées reçues et sa maxime *"un grand livre est un grand mal"*. Il était donc contre la poésie épique[21] et s'est illustré dans la **poésie lyrique** avec *"La chevelure de Bérénice"* qui sera imitée en latin par CATULLE, mais dont nous avons perdu l'original. Il composa aussi des *hymnes* à plusieurs dieux, mais est surtout connu comme le maître de l'épigramme[22]. Avec lui, ce genre connaît son heure de gloire et devient le genre littéraire alexandrin par excellence. Ses épigrammes sont pleines de diversité: diversité métrique (elles ne sont plus seulement écrites en distiques élégiaques mais aussi dans d'autres mètres plus rares), diversité de sujets (outre les épitaphes et les dédicaces, elles célèbrent l'amour ou le vin), diversité de ton (humour ou émotion...). CALLIMAQUE aura une grande influence à Rome, notamment au Ier siècle av. J.-C., auprès des *poetae novi*[23] qui le prirent pour modèle.
THÉOCRITE, contemporain de CALLIMAQUE, fut poète à la cour de Hiéron de Syracuse, puis vint à Alexandrie où il fut le protégé de Ptolémée Philadelphe et vécut aussi à Cos. Il s'illustra dans la **poésie lyrique**. Il est le créateur de l'*idylle* εἰδύλλιον[24]. Ces petits poèmes mettent souvent en scène des bergers ou d'autres

18. Dirigée par la dynastie des Attales.

19. Dirigée par les Séleucides.

20. Surtout à l'époque de Hiéron II.

21. Il a quand même composé une épopée, *Hécalé*, pour montrer qu'il était capable d'écrire un long poème.

22. Cf. p.7.

23. Cf. p.15.

24. Littéralement "petite forme", diminutif de εἶδος, forme.

paysans[25] mais peuvent aussi peindre des citadins ou être de petits récits mythologiques ou des éloges des rois. Les idylles bucoliques présentent une campagne idéalisée[26], comme la rêvent les citadins. Et les paysans, tout en étant de basse condition, ne s'en réfèrent pas moins à HOMÈRE! Mais on y trouve aussi des descriptions réalistes des mœurs paysannes et de la vie des animaux. Ce genre de poésie refleurira plus tard à Rome dans les *Bucoliques* de VIRGILE.

APOLLONIUS DE RHODES naquit à Alexandrie où il fut le disciple de CALLIMAQUE. Il y dirigea aussi la Bibliothèque mais, s'étant disputé avec son maître, il partit vivre à Rhodes. En effet, leurs idées littéraires ne s'accordaient pas, APOLLONIUS préférant la **poésie épique**. On lui doit une épopée en quatre chants, *Les Argonautiques*, qui a pour sujet les exploits de Jason. Il y raconte l'expédition des Argonautes à la conquête de la Toison d'or et leur retour en Grèce au prix d'un long périple. Ce poème est empreint d'une grande érudition mais reste assez artificiel.

C. La poésie latine

1. LA POÉSIE ÉPIQUE

Ce n'est qu'au IIIe siècle av. J.-C., donc assez tard, que remontent les premiers textes de la littérature latine. Car pour se mettre à écrire, les Latins ont dû attendre que les Etrusques leur transmettent leur alphabet. Les premières formes de poésie latine se rattachent à la religion:
- les chants des frères Arvale, *formules récitées par ces prêtres lors de processions autour des champs;*
- les chants saliens, *autres formules récitées par les prêtres saliens lors de processions accompagnées de danses;*
- les chants fescennins, *chants grossiers chantés aux fêtes publiques.*

Ce vers utilisé était le vers saturnien, *dont on sait peu de chose, sinon qu'il était d'origine italique, peut-être étrusque, mais non latine.*

Dans l'Italie du IIIe siècle av. J.-C., l'influence grecque était transmise par les Etrusques, mais aussi par la région hellénisée du Sud, appelée Grande Grèce. *C'est à* LIVIUS ANDRONICUS, *de Tarente, à l'extrême sud de la péninsule, que l'on doit la première œuvre littéraire écrite en latin, suivi de* NAEVIUS *et de* ENNIUS.

LIVIUS ANDRONICUS n'a pas produit une œuvre originale, mais une traduction de *l'Odyssée* d'HOMÈRE en vers saturniens. Par ailleurs, LIVIUS ANDRONICUS s'adonna au genre théâtral *(cf. p.23 et 26)*.

NAEVIUS, un contemporain de LIVIUS ANDRONICUS, lui aussi auteur dramatique *(cf. p.23 et 26)* est le premier poète romain véritablement épique. On lui doit un *Bellum Punicum* en vers saturniens. L'originalité de cette œuvre tient à son sujet qui, non seulement n'était pas purement mythologique, mais se référait à l'actualité la plus récente, puisqu'on était alors en pleine guerre punique. Cependant, il ne s'agit pas d'un sujet véritablement historique, puisque l'auteur y mêlait la légende, notamment l'histoire de Didon. Toutefois, nous avons ici une véritable épopée nationale.

ENNIUS (IIe-IIe av. J.-C.) vient après ces deux précurseurs de l'épopée latine. Il abandonne le vers saturnien au profit de l'hexamètre dactylique repris aux Grecs. Il donne à son épopée le titre d'*Annales*[27]. Celles-ci comportent 18 livres racontant l'histoire de Rome depuis l'arrivée d'Enée dans le Latium jusqu'à l'époque de son auteur. Nous n'en conservons que 600 vers, qui nous permettent de voir qu'ENNIUS

25. Ces poésies pastorales sont alors aussi appelées "bucoliques" (de βουκόλος, bouvier).

26. D'où l'adjectif "idyllique".

27. Les Annales étaient une sorte de calendrier où les événements historiques étaient consignés par année.

renonce au merveilleux et opte pour le réalisme historique. Si sa langue est encore rude, il n'en est pas moins un véritable poète épique et ne manque pas de talent. Il resta admiré jusqu'à l'époque de CICÉRON. VIRGILE lui reprendra des vers entiers dans son *Enéide*. Outre ses *Annales*, ENNIUS fut lui aussi auteur dramatique *(cf. p23 et 26)*.

VIRGILE (± 70 – 19 av. J.-C.) donnera à l'épopée latine ses lettres de noblesse. En composant ***l'Enéide***, il s'inscrit à la fois dans la tradition d'HOMÈRE, auquel il emprunte beaucoup[28], et dans celle d'ENNIUS dont les *Annales* l'inspirent abondamment. Mais l'œuvre de VIRGILE dépasse le cadre de la simple épopée et comporte une lecture plurielle.

- *L'Enéide* est bel et bien une œuvre de propagande politique. Après les derniers soubresauts de la République qui sombre après les guerres civiles, Auguste installe le régime impérial et se présente comme le garant de la paix. Sous son règne, il se propose de restaurer les anciennes valeurs qui ont fait la grandeur de Rome. VIRGILE adhère à ce processus politique et choisit de soutenir le programme impérial. Contrairement à celle d'HOMÈRE, la poésie de VIRGILE est engagée. A travers Enée, c'est Auguste qu'il glorifie, en tant que descendant du vieux prince troyen. Enée symbolise Auguste et l'ascendance divine du héros[29], et ses qualités de courage et de loyauté rejaillissent sur l'empereur. Toutefois, il n'est pas exclu que le poète ait opéré un revirement politique à la fin de sa vie. On sait que VIRGILE, alors que *l'Enéide* n'était pas entièrement achevée, a voulu effectuer un voyage en Grèce pour y rassembler quelques dernières données. Peut-être a-t-il douté du bien-fondé de son appui inconditionnel envers Auguste et désirait-il retrancher certains passages trop louangeurs? Mais la mort l'a saisi à son retour en Italie, et nul ne sait s'il voulait brûler son manuscrit parce qu'il y déplorait des imperfections de forme ou de contenu.

Nous devons mentionner également une œuvre majeure de la poésie latine un peu postérieure à l'Enéide, *qui n'est pas exactement une épopée, mais qui, sans entrer dans aucun classement, présente de nombreuses similitudes avec ce genre poétique. Il s'agit des* Métamorphoses *d'*OVIDE *(43 – 17 ap. J.-C.).*

OVIDE, dans ce long poème en 15 livres, nous raconte les métamorphoses merveilleuses de la mythologie gréco-romaine, depuis le Chaos jusqu'à la transformation de Jules César en astre. De l'épopée, cette œuvre a la longueur, le vers (l'hexamètre dactylique) et le climat merveilleux du mythe. Il lui manque toutefois l'unité d'action et le souffle épique. Les légendes isolées s'imbriquent les unes aux autres de façon artificielle et débouchent déjà sur la littérature romanesque. Comme les autres œuvres d'OVIDE, elle visent surtout à divertir, mais sans véritable idée d'ensemble. Il reste incontestable que les *Métamorphoses* eurent un immense succès lors de leur publication, succès qui ne s'est jamais démenti. Tout en étant destinée à un large public, l'œuvre possède une grande qualité littéraire, et reste une mine inépuisable pour les amateurs de mythes, pour les artistes contemporains ou postérieurs (peintres, sculpteurs...).

Après cette parenthèse sur OVIDE, *il faut attendre le premier siècle après J.-C. pour voir à nouveau revivre l'épopée avec* LUCAIN *(39 – 65 ap. J.-C.).*

LUCAIN, jeune poète[30], neveu de SÉNÈQUE, écrivit une épopée historique, *La Pharsale*, racontant l'affrontement entre Pompée et César. Le poème est resté inachevé à la mort de son auteur. Les mérites de cette œuvre résident surtout dans la peinture des caractères, qui fait appel à une psychologie extraordinaire. Par contre, la langue est assez maniérée.

STACE (± 45 – 96 ap. J.-C.), contemporain de LUCAIN, mais ayant vécu sous Néron et les empereurs suivants, nous a laissé deux épopées.

28. Notamment ses ambiances baignées de merveilleux, le fait qu'elle se rattache au cycle troyen tout comme les poèmes homériques, et son découpage en deux parties, qui en font une *Odyssée* en miniature (les livres 1 à 6 à racontent la quête d'Enée et son voyage) suivie d'une *Iliade* en miniature (les livres 7 à 12 qui sont un poème guerrier adapté aux combats livrés par Enée dans le Latium).

29. Enée est fils de Vénus.

30. Il est mort à 25 ans, condamné au suicide par Néron sous prétexte de complot contre lui.

- *La Thébaïde*, poème en 12 livres, raconte la lutte fratricide d'Etéocle et Polynice[31].
- *L'Achilléide* raconte l'enfance et la jeunesse d'Achille.

Mais STACE est surtout connu pour une autre œuvre,

- *Les Silves*[32], poème assez inclassable en hexamètres dactyliques, écrit à propos de différentes occasions, telles que l'inauguration d'une statue par exemple.

Bien que s'inspirant abondamment de VIRGILE et d'HORACE, STACE fait preuve d'une véritable sensibilité poétique et ne manque pas de charme.

2. LA SATIRE

La satire est un genre typiquement romain[33]*, dont le créateur est* LUCILIUS. *Cet aristocrate conservateur et provincial et, en tant que tel, ennemi de la noblesse romaine, faisait partie du cercle des Scipions et fréquentait les philosophes stoïciens. Il écrivit 30 livres de satires dont nous ne possédons que de brefs fragments.*

Le mot satura a d'abord désigné un "pot-pourri" qui est à l'origine de la comédie latine (cf. p.26). A l'époque de LUCILIUS, *ce sens a disparu et la satire a désigné avant tout des pièces en vers, caractérisées par leur variété (variété métrique et de thèmes) et par leur côté critique et railleur.* LUCILIUS *a cependant composé la plupart de ses satires en hexamètres dactyliques. Ses satires sont des attaques contre la religion, la noblesse, les mœurs corrompues de Rome, mais aussi parfois des récits pittoresques témoignant d'un grand sens de l'observation.*

Du point de vue littéraire, les satires de LUCILIUS *présentent encore bien des défauts, des fautes de métrique notamment, dus au fait qu'il écrivait beaucoup et négligeait de corriger et de peaufiner ses vers. Toutefois, il restera fort apprécié jusqu'au Ier siècle ap. J.-C. et exercera beaucoup d'influence sur les grands poètes satiriques romains comme* HORACE, PERSE *et* JUVÉNAL.

HORACE, au Ier s. av. J.-C., se proclame le disciple de LUCILIUS, tout en critiquant ses défauts. On garde de lui deux livres entiers de satires. A l'opposé de LUCILIUS, HORACE travaille minutieusement son style tout en répondant aussi à la loi du genre: la variété des sujets. Le ton n'est pas aussi féroce que chez LUCILIUS. HORACE se moque plutôt gentiment de la société. Ses satires sont des clins d'œil plutôt que des critiques acerbes. Une autre différence avec LUCILIUS est qu'HORACE, qui fait partie du cercle de Mécène, développe une morale épicurienne et non stoïcienne *(cf. p.32)*. Notons aussi qu'une autre œuvre d'HORACE, ses *Epîtres*, sont à mettre en rapport avec ses satires et constituent des "satires assagies".

PERSE est le deuxième grand satiriste latin redevable à LUCILIUS. Il vécut sous Néron. Mort à 28 ans, il n'eut le temps de composer que six satires, qui révèlent la fougue et l'enthousiasme de la jeunesse. Tout comme HORACE, il nous présente des réflexions morales sous forme de dialogues ou d'épîtres, mais ses idées philosophiques sont à l'opposé d'HORACE: PERSE est un militant du stoïcisme. Il est également le premier écrivain latin antimilitariste: il critique abondamment les soldats et l'armée. Le style de PERSE est très déroutant, il lui a valu d'être considéré comme "le plus obscur des poètes latins". Mais sa sincérité et sa jeunesse en font un auteur attachant et apprécié.

JUVÉNAL est sans doute le meilleur représentant de la satire. Il écrivit ses 16 satires sous le règne de Trajan et d'Hadrien, et mourut à 80 ans. Le moteur de JUVÉNAL, c'est la colère et l'indignation[34]. Ses pièces sont de véritables pamphlets contre l'argent, le sexe et les étrangers. Il rêve du bon vieux temps où les mœurs étaient simples et où Rome ne s'encombrait pas de tout un attirail d'idées venues d'Orient. Après ses premières satires s'inspirant de l'actualité, il aborde des sujets beaucoup plus généraux et met en scène des types plus universels. Lorsqu'il s'en prend à des personnes, il est toujours prudent: soit il ne les nomme pas, soit il entretient l'ambi-

31. Les deux fils d'Œdipe luttent pour exercer le pouvoir à Thèbes après l'abdication de leur père.

32. Le nom signifie "forêts", terme qui désigne des "esquisses" ou "poésie mêlée".

33. *"Satura tota nostra est"* dira Quintilien. (X.1, 9).

34. *"Indignatio facit versus"* écrit-il.

guïté sur leur nom de façon à ne pas risquer les poursuites en diffamation.
Sur le plan littéraire, on peut noter une très grande richesse de vocabulaire, le sens de la formule, la maîtrise de la langue et du vers. Il excelle à peindre les multiples aspects de la vie à Rome.

3. LA POÉSIE DIDACTIQUE

LUCRÈCE, au Ier s. av. J.-C., nous expose sa conception épicurienne du monde dans un poème en six chants en hexamètres dactyliques, le *De Natura rerum*.
LUCRÈCE présente une double originalité: d'abord le choix de la poésie pour exposer la doctrine épicurienne, alors qu'EPICURE lui-même rejette la poésie, ensuite l'engagement de sa démarche. LUCRÈCE nous apparaît comme un véritable militant, un apôtre de l'épicurisme qui proclame la bonne nouvelle.

Sur le choix du genre poétique, LUCRÈCE s'explique lui-même: il a voulu adoucir l'enseignement ardu de son maître par le "miel" de la poésie. Et en effet, LUCRÈCE excelle à illuminer par l'image les développements les plus arides. Mais d'autre part, en raison du genre démonstratif de son sujet, son œuvre est parfois considérée comme particulièrement prosaïque et rebutante.

L'œuvre présente également des difficultés de vocabulaire, car le latin de son époque est encore très pauvre en termes abstraits et philosophiques. De plus, il a souvent recours à des archaïsmes, par souci de se faire comprendre du plus grand nombre. En effet, à l'époque, les archaïsmes étaient encore d'usage dans le peuple alors qu'ils étaient déjà abandonnés par l'élite intellectuelle. A côté de la "nouvelle école" des *poetae novi*, LUCRÈCE est davantage de la "vieille école", celle de la grande poésie qui se réclame d'HOMÈRE et d'ENNIUS.

VIRGILE, célèbre surtout pour son épopée de l'*Enéide*, s'illustra également dans la poésie lyrique, une génération après LUCRÈCE, avec ses *Bucoliques*, et dans la poésie didactique avec ses *Géorgiques*.

- *Les Géorgiques*, poème très réussi en quatre chants composés en hexamètres dactyliques entre 39 et 29 av. J.-C., où VIRGILE s'inspire de plusieurs œuvres et notamment de celle d'HÉSIODE, *Les Travaux et les Jours*. VIRGILE donne dans ses *Géorgiques* des conseils sur la culture des champs, sur l'élevage et sur l'apiculture. Mais ces préceptes sont coupés de nombreuses digressions, comme par exemple l'évocation de l'âge d'or, ou l'épisode d'*Orphée aux Enfers*.
  On a cru longtemps qu'il s'agissait d'une œuvre de commande de Mécène pour appuyer la politique augustéenne de retour à la terre, mais rien n'est moins sûr. Le poème a toutefois une nette portée sociale, car l'agriculture à cette époque était en pleine crise. Ruinés par les guerres civiles, les petits paysans abandonnent les campagnes pour Rome et les grands propriétaires préfèrent eux aussi vivre en ville et confier leurs domaines à des régisseurs qui ne les exploitent pas convenablement. Comme HÉSIODE, VIRGILE veut leur rendre le sens des vraies valeurs, la première étant le travail.

OVIDE. Parmi les poètes qui se sont adonnés à la poésie didactique, une place particulière doit être réservée à OVIDE. En effet, sont *Art d'aimer*, ses *Remèdes à l'amour* et ses *Cosmétiques* ne sont pas de véritables poèmes d'enseignement, mais plutôt une parodie de ce type de poésie. D'ailleurs, il ne choisit pas, pour les composer, le rythme de l'hexamètre dactylique, réservé à la grande poésie, mais celui du distique élégiaque *(cf. p.6)*.

- *L'Art d'aimer* est plutôt un traité de séduction: "Où et comment faire des conquêtes amoureuses illégitimes?";
- Les *Remèdes à l'amour* apparaissent comme l'"antidote du traité précédent": comment éviter de se laisser séduire ou comment se débarrasser d'un amour encombrant?
- Les *Cosmétiques* fournissent de multiples recettes de fards et de produits de beauté.

Ces œuvres remportèrent un franc succès et étaient connues par cœur de beaucoup de Latins. Mais elles tombaient mal à propos, à une époque où Auguste voulait opérer un redressement des mœurs et revaloriser le mariage. OVIDE affirme que ce sont ces poèmes qui l'ont conduit à l'exil sur les bords de la mer Noire, mais il semble qu'il y ait eu un motif plus grave à cette sanction[35]. Quoi qu'il en soit, ces œuvres de jeunesse ne manquent pas de charme et ont des accents très modernes, notamment dans la volonté d'OVIDE à mettre les hommes et les femmes sur pied d'égalité devant l'amour et le plaisir.

4. LA POÉSIE LYRIQUE

*Comme nous l'avons vu en Grèce, la poésie lyrique est liée à la musique (cf. p.6.). Au Ier siècle av. J.-C, à côté des poètes de la "vieille école" pour qui la seule forme de poésie valable est l'épopée (comme LUCRÈCE), apparaît une "nouvelle école", celle des **poetae novi**. Ils méprisent les anciens poètes latins et imitent les poètes grecs. Ils redécouvrent la poésie lyrique de l'époque archaïque (dont ALCÉE, SAPPHO et ANACRÉON représentent la poésie monodique et ALCMAN, STÉSICHORE, SIMONIDE, PINDARE et BACCHYLIDE la poésie chorale) et celle des Alexandrins dont le modèle est CALLIMAQUE. Aux Alexandrins, ils reprendront deux genres nouveaux à Rome, l'**épyllion** et l'**épigramme**.*

CATULLE (± 87 – 54 av. J.-C.), qui inventa l'élégie latine et créa à Rome l'épigramme est le seul représentant des *poetae novi*. C'est aussi lui qui introduisit à Rome la lyrique grecque. En effet, parmi ses poèmes, CATULLE nous a laissé quatre **odes** véritables sous forme de strophes (chansons) *(lire aussi p.16).*

HORACE (65 – 8 av. J.-C.), qui vivait à l'époque d'Auguste et faisait partie avec VIRGILE et PROPERCE du cercle de Mécène dont il était le grand ami, s'est surtout illustré dans la poésie lyrique[36]. Trois de ses recueils se rattachent à ce genre:

- *Les Epodes*[37] sont une œuvre de jeunesse composée entre 41 et 30 av. J.-C., et groupant 17 poèmes très variés. Dans ce recueil, HORACE suit encore le chemin tracé par CATULLE. Certains poèmes, qui contiennent des attaques personnelles, sont proches de la satire et de l'épigramme, et s'inspirent d'ARCHILOQUE DE PAROS. D'autres, avec des thèmes comme l'amour ou le vin, sont plus proches d'ANACRÉON[38].
- *Les Odes* comprennent quatre livres, les trois premiers publiés en 23 et le dernier vers 13. C'est l'***œuvre majeure*** d'HORACE. Ici, le poète renoue avec la tradition des grands lyriques grecs ALCÉE, SAPPHO et ALCMAN, et donne ses lettres d'or au lyrisme latin. On y trouve deux sortes de poèmes, sous forme de "chansons" en strophes: des pièces personnelles qui chantent les joies de la vie (amour, amitié, nature…) d'inspiration épicurienne, et des grandes odes civiques de ton patriotique qui parlent de la paix et vantent le nouveau régime mis en place par Auguste. Dans ses *Odes*, HORACE fait preuve d'une grande maîtrise de la langue et de la métrique tout en restant naturel. C'est cette œuvre qui lui a valu d'être considéré de son vivant et après sa mort comme le "poète par excellence", et qui a le plus influencé les poètes de la Pléiade au XVIe siècle.
- *Le Chant séculaire* se rattache au lyrisme choral. Il a été composé en 17 pour être chanté par un chœur de jeunes gens et de jeunes filles lors des jeux séculaires[39].

VIRGILE, ami d'HORACE, s'adonna aussi à la poésie lyrique[40] dans

- *Les Bucoliques*[41], sa première œuvre, composée de 42 à 39. Ce poème porte également le nom d'*Eglogues*[42]. La *Bucolique* s'inspire de l'*Idylle* de THÉOCRITE[43], mais VIRGILE la modifie profondément de sorte qu'il en fait un genre latin très original. En effet, si ces poèmes mettent aussi en scène des bergers, VIRGILE s'écarte de son modèle en rejetant tous les aspects "réalistes" de l'*idylle*. Nous sommes ici en présence de bergers policés et toute référence à la vie rustique est bannie. On pourrait

35. Peut-être a-t-il voulu mettre lui-même en pratique ses propres conseils avec une femme de la famille impériale? En tout cas, on pense qu'il fut mêlé à un scandale touchant à la famille d'Auguste.

36. Cf. aussi la satire (p.13) et la poésie didactique (p.14).

37. Le mot "épode" n'a pas ici le sens qu'il avait à l'époque du grand lyrisme choral grec, où la "chanson" était divisée en trois "couplets": deux strophes de même rythme et une *épode* de rythme différent. Ici, il s'agit d'un poème composé en distiques (un vers plus long suivi d'un vers plus court) autres que les distiques élégiaques (cf. p.6). Ce type a surtout été utilisé par ARCHILOQUE DE PAROS (cf. p.7-8).

38. Cf. p.8.

39. Jeux d'origine étrusque pour célébrer les dieux et qui, en principe, devaient avoir lieu tous les 110 ans.

40. Cf. aussi poésie épique pour *l'Enéide* (p.12) et poésie didactique, pour les *Géorgiques* (p.14).

41. Pour le sens du mot *bucolique*, cf. p.11.

42. C'est-à-dire "pièces choisies".

43. Cf. p.10.

dire que les personnages sont plutôt de riches Romains propriétaires de villas qui jouent aux bergers. De plus, leur histoire se passe dans un pays imaginaire et idéalisé, l'Arcadie[44], et ici non plus, rien ne permet de rattacher le décor à la campagne sicilienne, comme c'est le cas pour les poèmes de THÉOCRITE. L'Arcadie est un monde spirituel, celui de la beauté, de la musique et de l'amour, thèmes fondamentaux des *Bucoliques*[45]. Le charme profond des *Bucoliques* réside dans l'art de VIRGILE pour les images évocatrices, et dans son sens poétique pour exprimer le sentiment de la nature. Malgré leur simplicité apparente, il s'agit là d'une poésie très intellectuelle, truffée d'allusions et de doubles sens.

Après le siècle d'Auguste, la poésie lyrique s'épuise à Rome. Il faut attendre le 4e siècle pour voir émerger AUSONE *(310 – 395), professeur bordelais qui écrivit notamment des* Idylles *dont la plus célèbre est le poème sur la Moselle. Sans être tout à fait original, il est capable de transmettre des atmosphères particulières et des détails pittoresques d'un ton très juste.*

5. L'ÉLÉGIE

CATULLE *a introduit à Rome le distique élégiaque*[46] *qu'il a repris aux Grecs, ce qui fait dire qu'il a inventé l'élégie latine. Mais l'élégie latine n'a pas nécessairement le sens moderne du terme*[47]*. En fait, à cette époque, ce genre n'est pas encore fixé. Au temps d'*OVIDE*, par contre, l'élégie a acquis le statut de genre littéraire. Le poète nous la définit plutôt comme un poème amoureux*[48]*. On peut donc dire que l'élégie latine est un poème d'amour écrit en distiques élégiaques.*

CATULLE est donc le précurseur de l'élégie romaine, bien que ses poèmes ne répondent pas toujours à cette définition complète et que, souvent, il manque un des deux éléments. Ainsi, ses poèmes 65 à 116 sont écrits en distiques élégiaques, mais les thèmes abordés ne relèvent pas toujours de l'élégie. On les considère d'habitude comme des épigrammes. Quoi qu'il en soit, l'apport de CATULLE est fondamental pour la poésie latine. On peut dire avec raison qu'il est en outre le créateur de l'épigramme latine et l'introducteur de la lyrique grecque à Rome. Il est aussi le premier à développer le thème de l'amour, jusque-là inconnu à Rome. Sa poésie personnelle où il nous parle de ses amours et de ses amitiés nous touche particulièrement par sa spontanéité, sa sincérité et sa sensibilité très moderne.

A la suite de CATULLE*, vient la génération des* ***grands poètes élégiaques****:* TIBULLE, PROPERCE *et* OVIDE*. Cette génération est marquée par le régime impérial instauré par Auguste après la période troublée des guerres civiles. Les poètes élégiaques s'inscrivent en réaction contre les vertus prônées par leurs prédécesseurs (patriotisme, goût pour la politique et la philosophie) et tournent le dos à la grande poésie héroïque*[49]*. Ils ne s'occupent plus de politique mais uniquement de leurs problèmes personnels. Aussi, les thèmes abordés sont-ils essentiellement l'amour, le refus de la richesse et de la gloire, et l'horreur de la vie militaire. En somme, ils célèbrent l'amour et la paix, un peu à la manière des Hippies ("Faites l'amour, pas la guerre"). Cette poésie est censée mettre à nu le cœur du poète, qui dit exprimer ses sentiments personnels. En fait, la sincérité des poètes élégiaques n'est pas si évidente qu'elle l'était chez* CATULLE*. Il semble qu'il s'agisse finalement plutôt d'un genre littéraire assez impersonnel, malgré la présence des noms de femmes auxquelles sont consacrés les poèmes. Les élégies donnent souvent l'impression d'être de simples "objets d'art" qui ne se réfèrent pas à des passions réelles. Quoi qu'il en soit, avec les élégiaques, l'amour devient un thème littéraire à la mode et sera même introduit dans la poésie épique*[50]*.*

TIBULLE (± 50 – 19 av. J.-C.) était considéré comme le chef du groupe littéraire du cercle de Messala. OVIDE, qui faisait partie de ce même cercle, le tenait pour son maître et consacra une élégie des *Amours* à sa mort prématurée à trente ans. TIBULLE nous a laissé deux livres d'élégies suivis de deux autres dont tous les poèmes ne sont pas de

44. Non pas l'Arcadie réelle qui est une région de Grèce.

45. Notons deux exceptions à cette règle: les *Bucoliques* 1 et 9 renouent avec le réalisme et nous font sortir de l'Arcadie heureuse en nous exposant les problèmes concrets causés par les mesures d'expropriation prises en 40 par Octave en faveur des vétérans. Or, ces pièces ont dû être composées en 39, soir juste après ces événements.

46. Cf. p.15.

47. La définition du *Petit Robert* (2003) est: "poème lyrique exprimant une plainte douloureuse, des sentiments mélancoliques". Il cite comme exemples Ronsard et Chénier.

48. *"Que la douce élégie chante les amours armées du carquois et qu'elle joue à son gré comme une amie légère"* (OVIDE, *Remèdes*, v. 379 – 380). Dans ce passage, il oppose l'élégie à l'épopée, à la tragédie, à la comédie et à l'iambe.

49. Avec une contradiction notoire pour OVIDE, qui s'illustra aussi dans la grande poésie nationale avec ses *Métamorphoses* et ses *Fastes* (cf. p.12).

50. Cf. les amours d'Enée et de Didon dans *l'Enéide*.

lui. Le tout est rassemblé sous le nom de *Corpus Tibullianum*. Le poète développe les thèmes élégiaques et célèbre l'amour, sans qui la vie ne vaut pas la peine d'être vécue. Il nous parle de façon très chaste de son amour pour Délie, pour Marathus et pour Némésis. Il développe aussi le thème de l'horreur de l'armée et des joies du bonheur à la campagne avec l'être aimé. Il a aussi écrit trois grandes élégies nationales.
PROPERCE (± 47 – 15 av. J.-C.) faisait, quant à lui, partie du cercle de Mécène avec VIRGILE et HORACE. Il est également mort jeune, en nous laissant quatre livres d'élégies. La plupart de celles des trois premiers livres sont consacrées à son amour pour Cynthie. Le quatrième regroupe surtout des élégies nationales. Il développe lui aussi les grands thèmes de la poésie élégiaque.

OVIDE (43 – 17 ap. J.-C.) fit partie avec TIBULLE du cercle littéraire de Messala. Il a composé de nombreuses œuvres élégiaques, surtout dans sa jeunesse (les *Amours*, l'*Art d'aimer*, les *Remèdes à l'amour*, les *Cosmétiques*[51], les *Héroïdes*) et à la fin de sa vie, lorsqu'il était exilé à Tomes (les *Tristes* et les *Pontiques*).

- Dans les *Amours*, OVIDE consacre le premier de ses trois livres à sa passion pour son amie Corinne.
- Dans les *Héroïdes*, il utilise la forme de l'épître poétique[52]. Il s'agit de lettres imaginaires écrites à l'être aimé par de grandes héroïnes de légende, comme Pénélope.
- Dans ses dernières œuvres, les poèmes d'exil, OVIDE change d'inspiration. Ici, l'élégie devient plus mélancolique et plaintive. Dans les *Tristes*, il nous raconte ses souffrances d'être loin de Rome, et dans les *Pontiques*, il adresse à Auguste les plus basses flatteries pour obtenir son retour en grâce.

6. L'ÉPIGRAMME

L'épigramme est aussi un genre repris aux Grecs. A l'époque archaïque, il avait été représenté par ARCHILOQUE *et* SIMONIDE[53] *et à l'époque alexandrine par* CALLIMAQUE[54]. *C'est une fois encore* CATULLE *qui introduit le genre à Rome et les deux grands auteurs latins d'épigrammes sont lui-même et* MARTIAL.

Chez **CATULLE**, on a l'habitude de considérer comme épigrammes les poèmes 60 à 116, écrits en distiques élégiaques. Mais de nombreux autres poèmes courts, souvent en hendécasyllabes, peuvent aussi être rangés dans cette catégorie, car ils présentent les caractères de l'épigramme: brièveté, sujets très personnels et vocabulaire familier. Dans ses épigrammes, CATULLE peut se montrer très tendre, mais aussi féroce vis-à-vis de ses ennemis, dont il excelle à faire la caricature. Et il ne lésine pas à employer des images et des mots très colorés, voire même très vulgaires. CATULLE représente la jeune génération des ***poetae novi*** en réaction contre tout ce qui est traditionnel. Ils aiment provoquer et choquer les "bourgeois".

MARTIAL (± 40 – 104), d'origine espagnole, un siècle après CATULLE, devient le ***maître de l'épigramme***. Sur les 15 livres qu'il nous laisse, 14 sont constitués d'épigrammes sur des sujets de la vie de tous les jours. Il fuit le discours moralisateur ou philosophique, trouve l'épopée d'un ennui mortel et rejette les mythes, ne s'intéressant qu'à saisir la vie de la société romaine dont il dresse des tableaux hauts en couleur. Il y a chez lui moins de grossièreté que chez CATULLE, il recours plus facilement à l'ironie qu'à la violence, mais ses piques n'en sont pas moins acides. Son trait tombe, inattendu, dans son dernier vers. Comme mètre, il utilise surtout le distique élégiaque, l'hendécasyllabe et l'iambe.

51. Nous avons déjà parlé de *l'Art d'aimer*, des *Remèdes à l'amour* et des *Cosmétiques* dans la poésie didactique (p.14), mais en vertu de la définition du poète lui-même, ces œuvres peuvent aussi être considérées comme de la poésie élégiaque.

52. Cf. les *Epîtres* d'Horace (p.13).

53. Pour la définition, cf. p.7. Pour les auteurs, cf. pp.7-8.

54. Cf. p.10.

II. LE THÉÂTRE

A. La tragédie

C'est avec la tragédie qu'est né le théâtre en Grèce. Celle-ci est l'héritière de la poésie épique et lyrique. L'épopée et le lyrisme ne suffisant plus à exprimer les sentiments et la vie, le besoin s'est fait sentir de recourir à un nouveau genre permettant de représenter l'action de façon plus vivante et directe, plus ***dramatique****. Outre les éléments repris à la poésie (le vers, la musique et la danse), la tragédie s'élargit par d'autres éléments comme l'architecture, la peinture, la sculpture, qui en font le genre littéraire le plus complet.*

La tragédie est issue du ***culte de Dionysos*** *et c'est comme manifestation religieuse qu'elle apparaît à Athènes au milieu du VIe s. av. J.-C. Le culte de Dionysos, par ses fêtes et ses pratiques, se prêtait particulièrement bien à représenter l'action dramatique, car le mythe de ce dieu offre de nombreuses péripéties à la fois joyeuses, sombres et angoissantes. Dionysos, dieu du vin, donne par l'ivresse tant la joie que la folie pouvant conduire aux pires excès. C'est donc un mythe essentiellement dramatique.*

*Au début, il s'agissait de représenter des scènes de la vie du dieu en se déguisant avec des peaux de boucs (*τράγοι*) pour figurer les satyres qui faisaient partie du cortège de Dionysos. Le mot "tragédie" (*τραγῳδία*) signifie le "chant du bouc", mais on ignore s'il fait allusion à ces peaux de bouc ou au fait qu'on sacrifiait un bouc durant la manifestation.*

La première forme littéraire sous laquelle se manifeste le culte de Dionysos est le ***dithyrambe****, sorte de chœur chanté en l'honneur de ce dieu. Ce chœur, accompagné de danses, était à l'origine improvisé, il s'est ensuite régularisé. Un soliste l'accompagnait, qui racontait des épisodes de la vie du dieu tout en le représentant. C'est probablement à* THESPIS *qu'on doit la naissance du* ***dialogue*** *entre le chœur et le soliste, le chœur tenant toujours le rôle principal.*

En 534 av. J.-C., Pisistrate organisa à Athènes les premières représentations officielles. Peu à peu, le soliste, devenu l'acteur, ne représenta plus uniquement Dionysos mais plusieurs rôles. C'est ainsi que naissent les premiers drames satyriques, où les chœurs sont composés de satyres, et où le bouffon se mêle au tragique.

Le répertoire du mythe va également s'élargir: on va puiser dans d'autres légendes qui célèbrent la vie des ***héros****, en s'inspirant des épopées existantes. La tragédie prend forme.*

C'est ESCHYLE*, considéré comme le père de l'art dramatique, qui introduisit un* ***second acteur****, ce qui, grâce aux masques, permettait le dialogue entre acteurs et non plus seulement avec le chœur. Ces deux acteurs pouvaient jouer plusieurs personnages, ce qui donna plus d'ampleur à l'action dramatique. Toutefois, avec* ESCHYLE*, le chœur constitue toujours l'élément principal et le lyrisme est toujours dominant. Ensuite, on verra apparaître, avec* SOPHOCLE*, un* ***troisième acteur****, ce qui améliore encore la structure et la richesse de l'action. Ainsi, plus la tragédie se perfectionne, plus* ***l'action*** *y prend d'importance.*

1. ORGANISATION DES SPECTACLES

Les tragédies avaient lieu lors des trois fêtes consacrées chaque année à Dionysos. Les *Grandes Dionysies*, la plus importante[55], se déroulaient en mars et comportaient plusieurs cérémonies telles que des processions et un sacrifice au dieu. Elles duraient six jours dont les trois derniers étaient réservés aux représentations dramatiques. Celles-ci étaient organisées en concours dirigés par l'Etat.

L'auteur devait se présenter à l'archonte responsable, et celui-ci lui donnait un chœur constitué de douze à quinze citoyens athéniens. Les membres du chœur s'appelaient *choreutes* et le chef de chœur *coryphée*. Un riche citoyen, appelé *chorège*, devait verser un impôt destiné à payer le chœur. Les acteurs, désignés par le sort, et les auteurs étaient payés par l'Etat.

55. Les autres étaient les Dionysies des champs et les Lénéennes (fêtes du pressoir).

Chaque auteur devait présenter trois tragédies (c'est-à-dire une *trilogie*) et un drame satyrique. Les quatre pièces étaient jouées en une seule journée. Au départ, la trilogie développait trois phases successives du même sujet, mais à partir de SOPHOCLE, les trois tragédies pouvaient être indépendantes les unes des autres. Il nous reste une seule trilogie complète, c'est l'*Orestie* d'ESCHYLE, comprenant *Agamemnon, les Choéphores* et *les Euménides* *(cf. p.21)*. L'auteur qui gagnait le concours recevait une couronne de lierre, mais tous les concurrents touchaient une certaine somme de l'Etat.

Le public était constitué de toutes les couches de la population sauf les esclaves. Les femmes pouvaient assister aux tragédies. On y apportait des coussins et de la nourriture, car le spectacle durait toute la journée. Le prix des places était de deux oboles par jour. A partir de Périclès, un impôt, le *théorique*, permettait d'accorder les deux oboles aux citoyens pauvres, afin qu'ils puissent assister aux spectacles.

2. LES BÂTIMENTS

A l'origine, les théâtres étaient mobiles. THESPIS se déplaçait de ville en ville avec un chariot en guise de scène et s'établissait dans un endroit large, l'*agora*. Plus tard, on construisit des échafaudages en bois avec des gradins permettant de voir la représentation (Θέατρον < Θεάομαι "contempler"). En 500 av. J.-C., à Athènes, un de ces échafaudages s'étant effondré, on décida de bâtir un théâtre permanent en pierre dans l'enceinte du temple de Dionysos, sur le flanc de l'Acropole. C'était l'ancêtre de l'actuel Théâtre de Dionysos, modifié par la suite.

Les théâtres étaient à ciel ouvert et se composaient de trois parties:

a. **l'orchestra** (ὀρχήστρα), la partie essentielle, est un espace circulaire destiné aux évolutions du chœur. Au milieu se dresse l'autel du dieu. De chaque côté, se trouvent deux couloirs latéraux par lesquels entre le chœur: les *parodoi* (πάροδοι).
b. les **gradins** disposés en hémicycle (= la *cavea* ou Θέατρον)
c. la **skènè** (σκηνή), en face des gradins, bâtiment dressé le long de l'*orchestra*, figure la demeure des personnages. Là se trouvaient les loges et les accessoires. Sa façade constitue le fond contre lequel on fixe les décors.

A l'origine, les acteurs n'étaient pas séparés du chœur, mais par la suite, on dressa entre *l'orchestra* et la *skènè* une petite estrade en bois, le *proscénion* (προσκήνιον) où évolueront les acteurs: c'est notre "scène". Il existait déjà toute une machinerie permettant plusieurs effets (des trappes mobiles, des machines pour monter les dieux dans les airs, pour simuler les éclairs ou le bruit du tonnerre, etc...)

3. LES COSTUMES

Le masque, le vêtement et les chaussures visent tous trois à ***grandir*** la taille de l'acteur. La bouche énorme du masque servait de porte-voix. Le changement de masque permet également de jouer plusieurs rôles, notamment les rôles féminins, puisque les acteurs sont toujours des hommes. Le vêtement rembourré donne plus d'ampleur au corps, et les couleurs permettent de reconnaître les personnages (le pourpre pour les rois, par exemple). Les chaussures des acteurs, les *cothurnes*, ont d'épaisses semelles qui grandissent le personnage. Celles des choreutes sont moins hautes.

4. STRUCTURE DE LA TRAGÉDIE

Le chœur est l'élément essentiel de la tragédie. Il témoigne de son origine lyrique. Il est constamment présent et l'action gravite autour de lui.

La tragédie se compose de neuf parties:
- le **prologue**, tirade souvent récitée par un seul personnage et servant d'exposition;
- la **parodos** ou entrée du chœur qui, désormais ne quitte plus le théâtre jusqu'à la fin;
- **trois épisodes**, parties dramatiques dialoguées par les acteurs, alternant avec
- **trois stasima**, chants du chœur sans intervention des acteurs;
- **l'exodos** ou sortie du chœur.

Chaque stasimon (στάσιμον) est composé de strophes et d'antistrophes qui se correspondent. Ils forment la partie lyrique de la tragédie et utilisent un dialecte mêlé de dorien *(cf. p. 3)* alors que les parties purement dramatiques (les épisodes) utilisent le dialecte attique.

Le chœur danse en chantant. Il est accompagné par la musique discrète de l'aulos (αὐλός) ou double flûte, et exécute une danse complète où participent toutes les parties du corps.

Ainsi, la tragédie fait appel à tous les arts: architecture, sculpture, peinture, décoration, éloquence, poésie, musique, danse. Même le site du théâtre contribue à l'effet produit. On peut donc dire que le but de la tragédie est avant tout *l'esthétique*. Les sujets étant bien connus du public, l'intérêt ne réside pas dans le suspens, mais dans *la manière* de représenter l'action. La tragédie présente donc surtout un **intérêt littéraire**, par la capacité qu'elle a à provoquer l'émotion.

5. LES AUTEURS

THESPIS, *né vers 580 av. J.-C. en Attique, aurait donné naissance à la tragédie en imaginant le premier acteur. Avec lui, peu à peu, l'élément héroïque prit le pas sur l'élément satyrique qui ne subsista plus que dans les drames satyriques.* THESPIS *soignait déjà le costume et la mise en scène. Pratiquement rien de ses œuvres ne subsiste, à part quelques titres, mais il devait avoir un certain mérite littéraire, car ses pièces attirèrent à Athènes un public nombreux.*

ESCHYLE, né à Eleusis en 525 av. J.-C., débuta dans le théâtre en 500. Il prit part en 490 à la bataille de Marathon et en 480 à celle de Salamine. Il remporta treize premiers prix aux concours tragiques, notamment pour *Les Perses* (en 472), pour *Les Sept contre Thèbes* (en 467) et pour l'*Orestie* (en 458), et il est considéré comme le ***père de la tragédie***. Après son succès avec *Les Perses*, il aurait été appelé en Sicile par Hiéron, tyran de Syracuse. Il y serait retourné après son *Orestie*, peut-être parce qu'étant de naissance aristocratique, il ne supportait pas les progrès de la démocratie à Athènes. C'est en Sicile qu'il mourut en 456 av. J.-C.

Doué d'une âme élevée, ESCHYLE avait un esprit très religieux. Pour lui, les hommes sont des jouets aux mains des dieux. Il croit à la *némésis* (νέμεσις) ou "justice distributive", c'est-à-dire le châtiment (ou la vengeance) des dieux jaloux des hommes trop heureux. Mais par-dessus tout, il consacre le rôle prépondérant du *Destin*, puissance inéluctable à laquelle sont soumis les hommes et les dieux. Il croit également à l'hérédité du crime qui se propage dans des familles maudites, comme celles des *Atrides*[56] ou des *Labdacides*[57]. Pour lui, les actions des hommes obéissent à une raison supérieure et cachée, et malgré leurs efforts pour y échapper, elles aboutissent finalement à l'accomplissement de leur *Destin*, à l'opposé des fins qu'ils recherchent. Le Destin constitue ainsi un ressort puissant de l'action dramatique. Les personnages sont poussés par une force inexorable qui conduit le drame en droite ligne à la catastrophe pressentie, prévue et annoncée. Les dieux et le surnaturel (songes, oracles...) interviennent donc souvent dans le drame eschylien. Si la psychologie des personnages n'est pas très nuancée et si leur caractère est peu complexe et généralement tout d'une pièce, ils sont pourtant empreints de grandeur morale et souvent au-dessus de l'humanité.

56. La famille d'Agamemnon, descendant d'Atrée.

57. La famille d'Œdipe, descendant de Labdacos.

On connaît les titres d'environ 80 pièces d'ESCHYLE, mais seules sept tragédies ont été conservées. Tous les sujets, à part *Les Perses*, sont empruntés à l'épopée, aux légendes de Troie, de Thèbes et d'Argos, notamment à travers les poèmes homériques et cycliques *(cf. p.4)*. La langue est profondément lyrique, musicale, mais encore un peu rude. Le ton est empreint de solennité et de grandeur.

- *Les Suppliantes* raconte l'histoire des Danaïdes[58].
- *Les Perses* offre un sujet d'actualité, la bataille de Salamine en 480 av. J.-C. et la défaite des Perses. L'action se passe à la cour du roi des Perses.
- *Les Sept contre Thèbes* raconte la guerre de Polynice et des six chefs alliés contre son frère Etéocle soutenu par six chefs thébains.
- *Prométhée enchaîné* raconte le supplice de Prométhée enchaîné à un rocher pour avoir donné le feu aux hommes.
- ***L'Orestie*** (seule trilogie qui soit complète) présente en trois sujets continus le drame de la famille des Atrides:
  - *Agamemnon:* le meurtre d'Agamemnon par Clytemnestre à son retour de Troie.
  - *Les Choéphores*: la vengeance d'Oreste qui tue sa mère Clytemnestre et son amant Egisthe, mais est assiégé par les Erinyes (divinités infernales).
  - *Les Euménides*: le jugement d'Oreste par le tribunal de l'Aréopage, son acquittement et la transformation des Erinyes en Euménides ("Bienveillantes").

SOPHOCLE est né vers 495 av. J.-C. à Colone, faubourg au Nord-Ouest d'Athènes. Provenant d'une famille riche, il a reçu une éducation soignée. En 480, il conduisit le chœur d'éphèbes qui célébrait la victoire de Salamine. Il vécut à l'époque de la splendeur d'Athènes dont il personnifie le génie et l'harmonie. Il fut un excellent citoyen, très attaché à sa patrie qu'il ne voulut jamais quitter. Bien qu'ayant participé à des événements politiques (il fut notamment stratège), il se consacra surtout à la composition de ses tragédies.

Il fut le continuateur d'ESCHYLE dont il développa l'art en le perfectionnant (c'est ainsi qu'il ajouta un troisième acteur). Il présenta ses premières tragédies vers l'âge de 28 ans et gagna le prix contre ESCHYLE. Il remporta au moins vingt fois le concours et ne fut jamais troisième.

SOPHOCLE, très serein, aimait la beauté et l'harmonie, représentant typique de la modération grecque. Sans passion violente, d'un naturel agréable, il était d'une grande piété religieuse et avait beaucoup d'amis. Il mourut à Athènes, âgé de 90 ans, quelques mois après EURIPIDE dont il avait pleuré la mort.

Maître de l'harmonie et de la mesure, SOPHOCLE établit un équilibre parfait entre les éléments lyrique et dramatique. Avec lui, la tragédie atteint un idéal. On le disait inimitable. Contrairement à ESCHYLE, jamais les sentiments ne sont poussés au-delà de la nature. L'homme, bien que guidé par le Destin, n'est plus victime de la fatalité, mais il réagit et lutte. Il est libre de ses actes. Les dieux ne sont plus le moteur essentiel de l'action, c'est l'homme et ses sentiments face aux coups du sort. Le drame devient ***psychologique***: les caractères des personnages sont plus fouillés et réellement humains. Ils sont généralement animés de pensées élevées. Aucun n'est entièrement mauvais, ils sont tous accessibles à la pitié et aux bons sentiments. Les différents caractères, en s'opposant, font émerger celui du personnage principal.

En restant simple, l'action contribue à l'étude des caractères et des sentiments. Les personnages sont constants et suivent leur ligne de conduite jusqu'au bout. On peut donc dire que le théâtre de SOPHOCLE est *moral*.

Quant au chœur, il est moins actif que chez ESCHYLE. Son influence diminue pour que, désormais, les parties lyriques et dramatiques s'équilibrent exactement. Le chœur représente l'humanité moyenne, qui exprime toutes les impressions que lui suggèrent les scènes auxquelles il assiste (espérance, crainte, admiration...), et il nous laisse de magnifiques morceaux lyriques.

58. Les 50 filles de Danaos.

Le style de SOPHOCLE est varié, sa langue est harmonieuse et nuancée, naturelle. S'il n'a pas la gravité d'ESCHYLE, il allie l'aisance, la grâce et la puissance. Il recherche les antithèses ainsi que les jeux de lumière et d'ombre.

De la centaine de tragédies et drames satyriques que SOPHOCLE a écrits, nous possédons plusieurs fragments et titres mais, comme pour ESCHYLE, nous n'en gardons que sept complètes. Les sujets sont empruntés aux légendes héroïques et au cycle épique, notamment la guerre de Troie et ses suites, les légendes attiques et le cycle thébain. Il s'agit, plus ou moins par ordre chronologique, des suivantes:

- *Antigone*, tragédie représentée vers 441 av. J.-C. A Thèbes, après la mort de ses frères Etéocle et Polynice, Antigone défie la loi de Créon au nom de la loi divine, et enterre son frère Polynice. Le chœur est composé de vieillards thébains.
- *Ajax*, pièce de la moitié du Ve s. av. J.-C. Suite à l'attribution des armes d'Achille à Ulysse, Ajax est pris d'une folie meurtrière suscitée par Athéna et tue les troupeaux des Grecs. Sa raison revenue, couvert de honte, il se suicide.
- *Œdipe Roi*. Le sujet est la quête menée par Œdipe pour découvrir le meurtrier de Laïos qui souille la ville de Thèbes en provoquant la peste. Elle se termine par la découverte de la vérité: Œdipe a sans le savoir tué son père et épousé sa mère. Jocaste se pend, Œdipe se crève les yeux et part en exil. Œdipe Roi est considéré comme le chef-d'œuvre de SOPHOCLE.
- *Electre*. Même sujet que les *Choéphores* d'ESCHYLE *(cf. p. 21)* et que l'*Electre* d'EURIPIDE *(cf. p.23)*. Elle se situe chronologiquement entre les deux, et SOPHOCLE se serait inspiré des *Choéphores* pour les événements, mais l'action est présentée très différemment.
- *Les Trachiniennes*. La mort d'Héraclès, quand Déjanire, pour récupérer son époux, lui envoie une tunique teinte du sang empoisonné du centaure Nessos, qui le consume jusqu'à ce qu'il se suicide sur le bûcher pour échapper à la douleur. SOPHOCLE a dû reprendre plusieurs éléments aux poètes lyriques. L'action se passe à Trachis et le chœur est composé de jeunes filles de Trachis (*trachiniennes*, donc).
- *Philoctète*. Pièce jouée en 409 av. J.-C. et pour laquelle SOPHOCLE remporta le prix. Le sujet en est l'abandon de Philoctète dans l'île de Lemnos. Ulysse et le jeune Néoptolème (fils d'Achille) vont le chercher car ses flèches sont indispensables à la prise de Troie.
- *Œdipe à Colone*. Cette dernière pièce composée par SOPHOCLE a pour sujet la mort d'Œdipe à Colone, faubourg d'Athènes.

EURIPIDE serait né en 480 av. J.-C., le jour-même de la bataille de Salamine, à l'époque où Athènes était en pleine gloire. Il reçut l'éducation soignée d'un enfant de bonne famille. Il étudia la philosophie et fut particulièrement influencé par ANAXAGORE et par les sophistes *(Cf p.29-30)*. Son caractère mélancolique et pessimiste, un peu dédaigneux et misanthrope, lui valut les moqueries des poètes comiques, surtout d'ARISTOPHANE. Il participa aux concours tragiques pour la première fois en 455 av. J.-C., l'année où mourut ESCHYLE, mais ne remporta son premier prix qu'en 442. Il obtint quatre victoires, plus une victoire posthume pour *les Bacchantes*. Ses rares succès s'expliquent par ses innovations hardies qui déplaisaient aux traditionalistes.

Il mourut à Pella en 406. La légende dit qu'il fut dévoré par des chiens. Athènes décréta à sa mort un deuil national. Alors que, de son vivant, il avait été abondamment critiqué, il devint après sa mort plus célèbre qu'ESCHYLE et SOPHOCLE. Son influence sur la postérité fut immense. Tous ses successeurs voulurent l'imiter, notamment les tragiques latins, mais aussi plus tard RACINE (XVIIe s.) en France.

Avec EURIPIDE, la psychologie de la tragédie se transforme. L'homme ne lutte plus contre des ennemis ou des obstacles extérieurs, mais contre lui-même, dans son cœur-même, contre ses propres passions. EURIPIDE met en scène la faiblesse humaine. Il recherche le pathétique. ARISTOTE le considère comme le plus tragique de tous les auteurs. Pour lui, les deux ressorts essentiels de l'action dramatique sont la terreur et la pitié. Il met en scène ses personnages en pleine crise. C'est pourquoi il attribue plus d'importance aux rôles de femmes ou de jeunes gens, parce qu'ils sont plus impulsifs. Mais on trouve plus de dénouements heureux que chez les autres tragiques. Il veille à représenter les faits comme ils sont dans la vie quotidienne. Ainsi, on peut dire qu'EURIPIDE se rapproche de la *comédie*, dont il a influencé le développement. De même, le sentiment de la nature est très présent chez lui. Tout cela le rapproche du *romantisme*.

Du point de vue philosophique, il est assez *rationaliste*, aime la nouveauté et s'écarte volontiers des vieilles légendes mythologiques en s'en prenant aux dieux de la religion populaire. Il attaque aussi les mœurs de son temps. Par exemple, en politique intérieure, il est contre la démagogie qui règne à son époque, il est partisan de la paix (nous sommes au temps de la guerre du Péloponnèse).
Du point de vue social, il est *égalitaire* et prend parti pour les gens du peuple contre les nobles. Pour lui, la vraie noblesse peut se trouver chez les humbles. On a souvent dit qu'il était misogyne, car ses attaques contre les femmes sont nombreuses, mais on trouve aussi chez lui des femmes héroïques, et en outre, il attaque également les hommes. Son pessimisme le rend donc plus *misanthrope* que *misogyne*.

EURIPIDE aurait écrit 92 pièces dont nous avons conservé 17 tragédies et un drame satyrique, Le *Cyclope*. Il subsiste également de nombreux fragments des autres œuvres. Parmi les tragédies d'EURIPIDE, les plus réussies sont:

- *Alceste*, personnage qui s'offre à mourir à la place de son époux Admète.
- *Les Troyennes*, qui raconte la prise de Troie, pièce extrêmement tragique.
- *Les Bacchantes*, tragédie la plus réussie. Le roi de Thèbes *Pentée* est massacré par les bacchantes car il s'oppose au culte de Dionysos.
- *Hippolyte*, *Andromaque* et *Iphigénie à Aulis* ont inspiré trois pièces de Racine[59].
- *Electre* a inspiré à Cacoyannis (1962) le très beau film du même nom.
  Les autres pièces sont *Les Suppliantes, Ion, Iphigénie en Tauride, Hélène, Les Phéniciennes* et *Oreste*.

6. LA TRAGÉDIE LATINE

La tragédie latine est nettement moins bien connue que la tragédie grecque. En effet, à part la tragédie ancienne dont il nous reste des fragments, quatre-vingts pour cent de la production tragique latine est perdue.

La tragédie ancienne (IIIe – IIe s. av. J.-C.) est représentée par LIVIUS ANDRONICUS, NAEVIUS et ENNIUS, qui se sont tous les trois illustrés également dans la comédie *(cf. p.26)* et dans l'épopée *(cf. p.11)*. Ces auteurs nous proposent des pièces à sujets grecs (*fabulae palliatae*) et quelques pièces à sujet romain (*fabulae prætextae*)[60]. Les tragédies à sujet grec appartiennent surtout au cycle troyen. Tantôt elles suivent de près un modèle grec, tantôt s'en inspirent plus librement. Les tragédies à sujet romain constituent une grande innovation par rapport à la tragédie grecque où tous les sujets étaient mythologiques[61], et elles proclament l'originalité du génie romain.

Après l'époque de ces premiers auteurs latins, la tragédie s'éteint à Rome. Il faudra pratiquement attendre le Ier siècle ap. J.-C.[62] pour que SÉNÈQUE[63] s'illustre dans ce genre dramatique. Il nous reste de lui neuf tragédies, toutes à sujet grec: *Hercule furieux, Les Troyennes, Les Phéniciennes, Médée, Phèdre, Œdipe, Agamemnon, Thyeste, Hercule sur l'Oeta*. On peut émettre l'hypothèse que son œuvre tragique a précédé son œuvre philosophique.

59. Respectivement *Phèdre, Andromaque* et *Iphigénie*.

60. *Fabula prætexta* du nom de la toge prétexte, blanche bordée de pourpre, qui est celle des magistrats. Pour la *fabula palliata*, cf. p. 26.

61. A l'exception des *Perses* d'ESCHYLE.

62. A part OVIDE qui a écrit une *Médée* perdue.

63. Cf. p. 33.

Par comparaison avec les pièces grecques de même sujet, on remarque l'originalité de SÉNÈQUE qui ne se contente pas de traduire ses modèles mais les adapte très librement ou, parfois, les "contamine"[64]. On peut dire du théâtre de SÉNÈQUE qu'il est ***engagé***, dans la mesure où il y fait passer certaines réflexions philosophiques sur le stoïcisme ainsi que ses convictions politiques, en s'inspirant, pour ses personnages, des membres de la famille impériale dont il fréquentait la cour.
On peut noter également que SÉNÈQUE rend de l'importance au lyrisme.

B. La comédie

Comme la tragédie, la comédie remonterait aux fêtes en l'honneur de Dionysos. Dans sa *Poétique*, ARISTOTE (IVe s. av. J.-C.) nous apprend qu'elle est née d'improvisations qui avaient lieu lors des processions "phalliques"[65], rite agraire archaïque rattaché au culte de Dionysos[66] et célébré en décembre, lors des Dionysies des Champs. A la fin de la procession, le cortège se transformait en kômos (κῶμος), c'est-à-dire une bande de fêtards plus ou moins ivres qui chantait et dansait en lançant des plaisanteries, soit une sorte de bouffonnerie proche du carnaval. La comédie (κωμῳδία) viendrait donc de ces "chanteurs de kômos". A un certain moment, un épisode ou une farce introduit dans la fête put être l'ancêtre de la comédie[67].
On divise la comédie en trois périodes: la comédie ancienne, moyenne et nouvelle.

1. LA COMÉDIE ANCIENNE (VE S. AV. J.-C.)

Elle est organisée à Athènes au début du Ve siècle av. J.-C.[68]*. Les concours de comédie opposaient trois à cinq auteurs comiques présentant chacun une pièce. Dès 458, un chœur est accordé par l'archonte pour la comédie.*

La comédie ancienne nous est surtout connue par ARISTOPHANE. *Les autres auteurs comiques dont nous gardons le nom sont* CRATINOS[69], EUPOLIS[70] *et* PHRYNICHOS[71].
La structure de la comédie ancienne est très rigoureuse.
- *Un **prologue** qui permet d'exposer et de commencer l'action.*
- *Ensuite a lieu la **parodos**, l'entrée du chœur.*
- *Puis vient la **dispute** (agôn), survivance de la farce primitive*[72].
- *La **parabase** est une partie curieuse qui interrompt l'action: le poète, par l'intermédiaire du coryphée, s'adresse au public et exprime ses idées personnelles sur différents sujets.*
- *Après quoi, la pièce reprend et se termine par **l'exodos** (sortie du chœur) qui se fait souvent sous forme de farandole.*

Outre la structure sévèrement réglementée, la métrique obéit aussi à des règles strictes. Par ailleurs, la comédie ancienne fait appel à une immense fantaisie, une liberté absolue de ton et d'allure. Ceci apparaît surtout dans le rôle du chœur, qui est l'un des acteurs principaux et qui, souvent, donne son nom à la pièce.

*La comédie ancienne a également un caractère **satirique**: elle se réfère à l'actualité la plus récente et s'en prend à des personnalités célèbres ou à la politique du jour. Tous les moyens sont bons pour déclencher le rire: farce, injures, satire, passages lyriques, grossièretés, voire obscénités en paroles ou en actes. Il semble que rien ne choquait le public de l'époque, pas même les intellectuels.*

ARISTOPHANE. On possède peu d'informations le concernant. On peut glaner quelques éléments sur le personnage dans *le Banquet* de PLATON, où il est présenté avec SOCRATE et AGATHON, autre auteur à la fois tragique et comique. Né vers 445 av. J.-C., il a vécu à Athènes dont il était probablement citoyen. Il écrivit sa première pièce vers 20 ans. On a conservé de lui 11 pièces sur une quarantaine. Les deux der-

64. A propos de la *contaminatio*, cf. la comédie, p. 26, en bas.

65. Le rite du transport d'un phallus était censé favoriser la fertilité des personnes et des cultures.

66. Le culte de Dionysos, dieu lié à l'exubérance végétale, à la joie et à l'ivresse se prêtait bien, par son caractère débridé, à accueillir ce rite ancien.

67. Mais ARISTOTE signale aussi la parenté entre la comédie et la poésie iambique, qui manie la satire.

68. Les premiers classements que nous possédons aux concours comiques datent de 486 av. J.-C.

69. Il gagna le concours avec *La Bouteille* contre *Les Nuées* d'ARISTOPHANE.

70. Il remporta 7 victoires. Les anciens joignaient son nom à celui d'ARISTOPHANE et de CRATINOS.

71. Contemporain d'ARISTOPHANE, il remporta 2 victoires.

72. Deux thèses contradictoires sont soutenues par les acteurs, et le chœur participe au débat.

nières se rattachent déjà à la comédie moyenne. Il mourut probablement peu après sa dernière pièce, *Ploutos*, donnée en 388 av. J.-C. L'essentiel de son théâtre est contemporain de la guerre du Péloponnèse[73].

ARISTOPHANE est très conservateur, rejetant toutes les innovations, que ce soit en matière d'art dramatique, d'éducation ou de philosophie. Ainsi, il rejette EURIPIDE dont il se moque abondamment, ainsi que les idées des sophistes, les nouveaux philosophes à la mode qui bouleversent les mœurs et risquent de ruiner les valeurs et la religion traditionnelles. S'il critique SOCRATE, c'est qu'il le compte au nombre des sophistes[74] qu'il déteste... ce en quoi il se trompe. Mais cela montre à quel point le rôle de SOCRATE était méconnu à son époque par les Athéniens qui, comme ARISTOPHANE, ne se passionnaient pas pour la philosophie *(cf. p.30)*.

En politique aussi, il se range du côté des conservateurs: l'aristocratie et les paysans, peu habitués aux pratiques "immorales" de la ville[75]. Il n'appartient pas vraiment à un parti politique mais, vivant à une époque particulièrement troublée, il est avant tout un partisan acharné de la paix, et s'il critique souvent la démocratie, c'est pour en condamner les dérives et les dangers. Ainsi s'en prend-il aux démagogues qui gouvernent Athènes. Par ailleurs, ARISTOPHANE se montre aussi très patriote.

A l'égard des femmes, il est catalogué comme un grand misogyne: en effet, ses trois comédies ayant pour sujet des femmes[76] constituent des satires contre celles-ci. Encore une fois, en tant que traditionaliste, il critique l'évolution des mœurs de son temps, où la condition sociale des femmes d'Athènes était supérieure à leur condition légale. En effet, si elles ne pouvaient légalement disposer d'elles-mêmes, elles pouvaient célébrer des fêtes dont les hommes étaient exclus, elles étaient maîtresses absolues de leur intérieur, elle se recevaient l'une l'autre à dîner ou même à coucher, elles avaient du goût pour les bons repas et le vin, commettaient plus fréquemment l'adultère qu'auparavant, etc... ARISTOPHANE critique toutes ces pratiques, mais sans que ce soit le thème principal de ces trois comédies.

Du point de vue de la composition, la fantaisie débridée d'ARISTOPHANE lui fait inventer les situations les plus extravagantes[77]. Si on peut regretter les obscénités qui parsèment ses pièces, on y trouve par contre des passages d'un grand lyrisme qui vaut celui des tragédies, comme lorsqu'il décrit la vie à la campagne. Sa langue vigoureuse, colorée, n'hésite pas à s'enrichir de néologismes. Sa comédie est conçue comme un jeu qui provoque le rire, par tous les moyens, des plus subtils aux plus grossiers.

Neuf des onze pièces conservées se rattachent à la comédie ancienne. Les deux dernières appartiennent déjà à la comédie moyenne.

- *Les Acharnaniens:* plaidoyer en faveur de la paix. Un habitant d'Acharnès[78] conclut une paix séparée avec les Spartiates.
- *Les Cavaliers:* satire du démagogue Cléon. Le chœur est constitué de cavaliers athéniens.
- *Les Nuées:* satire des sophistes et de SOCRATE.
- *Les Guêpes:* satire politique des juges à Athènes. Les *Guêpes* sont les membres du tribunal de l'Héliée.
- *La Paix:* plaidoyer pour la paix. La Paix est prisonnière dans une caverne. Un paysan monte au ciel sur un scarabée pour la délivrer.
- *Les Oiseaux:* satire de la corruption à Athènes. Deux hommes vont fonder, avec les oiseaux, une cité dans les airs, qui sera inaccessible à tous les fâcheux.
- *Lysistrata:* plaidoyer pour la paix. Les femmes d'Athènes se retirent sur l'Acropole et forcent leurs maris à conclure la paix.
- *Les Thesmophories:* satire contre EURIPIDE. Les femmes cherchent à se venger de lui.
- *Les Grenouilles:* satire contre EURIPIDE. Après la mort des trois grands tragiques, Dionysos descend aux Enfers pour en ramener un bon poète. Le chœur est formé par les grenouilles de l'Achéron, fleuve des Enfers.
- *L'Assemblée des femmes:* satire du communisme, théorie issue de la leçon des sophistes qui, en ébranlant le système traditionnel, ont fait éclore de telles idées

73. 431 à 404 av. J.-C..

74. Cf. *Les Nuées*.

75. Par exemple, les dénonciations par les sycophantes. En l'absence d'un ministère public institutionnalisé dans la cité d'Athènes à l'époque classique, tout citoyen avait le droit, et même le devoir, de formuler une accusation lorsqu'il jugeait qu'une injustice avait été commise. Il se faisait alors accusateur volontaire. Le terme de *sycophante* s'appliquait aux citoyens qui faisaient un usage abusif du principe de l'accusation volontaire (CARINE DOGANIS, thèse de doctorat en Sciences Politiques, Paris).

76. *Les Thesmophories*, *Lysistrata* et *L'Assemblée des femmes*.

77. Comme vouloir fonder une ville chez les oiseaux *(Les Oiseaux)*, atteindre l'Olympe sur le dos d'un scarabée *(La Paix)*...

78. Dème de l'Attique.

révolutionnaires et utopistes pour l'époque. Les femmes forment l'Assemblée du Peuple et décident de tout mettre en commun.
- *Ploutos:* allégorie de la richesse. Ploutos est aveugle, mais sera guéri par Asclépios, dieu de la médecine.

2. LA COMÉDIE NOUVELLE

Au IVe siècle av. J.-C., la démocratie n'existe plus, la Grèce a été conquise par Philippe de Macédoine. On assiste donc à une dépolitisation. Les relations entre individus prennent le pas sur les conflits de la collectivité. De ce fait, l'univers représenté est un univers bourgeois. Avec la comédie nouvelle, il ne s'agit plus de satire politique et personnelle, mais d'une comédie de mœurs. Elle contient des peintures de caractères, et comporte une intrigue développée suivant le schéma: exposition, nœud, dénouement. Le dénouement repose souvent sur une reconnaissance. Nous ne possédons qu'une comédie entière de ce type, découverte sur un papyrus en 1958: Le Dyskolos *de* MÉNANDRE.

MÉNANDRE est le grand représentant de la comédie nouvelle. De sa vie, nous connaissons peu de chose. Né à Athènes vers 340 av. J.-C., il fut contemporain et ami d'ÉPICURE et s'intéressait peu à la politique. Il aurait écrit plus de 100 comédies dont nous ne gardons entière que le *Dyskolos*. Il serait mort noyé vers 292.
- Le *Dyskolos*[79] met en scène Cnémon, un misanthrope qui en veut à tout le monde. Les caractères y sont bien étudiés, et leur véritable psychologie en fait des personnages très réalistes. Le ton est simple et naturel comme celui de la vie de tous les jours.

3. LA COMÉDIE À ROME

a. LA COMÉDIE INSPIRÉE DE LA GRÈCE OU *FABULA PALLIATA*[80]

A Rome comme en Grèce, le théâtre est issu de préoccupations religieuses. La comédie se développe en quatre étapes:
- *des représentations de* **musique** *et de* **danse** *inspirées des Etrusques;*
- *l'adjonction de l'élément* **parlé** *sur le mode de l'improvisation (comme dans la* Comedia dell'Arte*);*
- *l'usage de plus en plus fréquent de* **textes fixes** *(interprétés par des comédiens professionnels) appelés* "saturae" *ou "pots-pourris", au détriment de l'improvisation;*
- *l'abandon de la* satura *au profit d'une histoire basée sur une* **intrigue***, ce qui donne naissance à un véritable théâtre dans la ligne de la comédie nouvelle des Grecs.*

C'est en 240 av. J.-C. que fut donnée la première comédie à Rome, à l'occasion des Ludi Romani.

C'est à LIVIUS ANDRONICUS *que l'on doit la création du théâtre latin. C'était un ancien esclave grec affranchi (Andronikos) qui prit le nom de son maître (Livius). Outre ses pièces théâtrales (comédies et tragédies), il a aussi créé l'épopée à Rome en traduisant* l'Odyssée *en latin. Dès lors, les auteurs latins vont imiter, adapter ou traduire la comédie nouvelle des Grecs. On y retrouve donc les mêmes caractéristiques: le ton bourgeois, l'intrigue amoureuse, souvent la reconnaissance finale; l'action se passe en Grèce.*

A la même époque que LIVIUS ANDRONICUS, NAEVIUS *écrit également des tragédies, des comédies et un poème épique. Il pratique la* contaminatio, *c'est-à-dire qu'il combine deux pièces grecques pour en faire une latine. Un peu plus tard,* ENNIUS *sera, lui aussi, l'auteur de tragédies et de comédies et d'un poème épique. Mais les deux grands représentants de ce type de comédie sont* PLAUTE *et* TÉRENCE.

79. C'est-à-dire "l'atrabilaire". Cette comédie a inspiré *Le Misanthrope*, de Molière (1666).

80. Du nom du costume grec, *le pallium*.

PLAUTE, (254 –184) d'origine ombrienne, s'établit sans doute assez tôt à Rome. On lui attribue 130 comédies dont 21 nous sont parvenues et sont sûrement authentiques. Sa grande période d'activité se situe juste après la deuxième guerre punique. Ses thèmes sont ceux de la comédie nouvelle. Par ordre alphabétique, il s'agit de: *Amphitryon, Asinaria, Aulularia, Bacchides, les Captifs, Casina, Cistellaria, Curculio, Epidicus, Les Menechmes, Pseudolus, Rudens, Stichus, Trinummus, Truculentus, Vidularia.*
Dans les sujets, l'originalité de PLAUTE est difficile à déterminer, dans la mesure où l'on a perdu leurs modèles grecs, mais la grande différence entre ses pièces et celles de TÉRENCE indique bien que tous deux ne réalisent pas de simples copies et font preuve de personnalité.
Les comédies de PLAUTE remportèrent un grand succès et certaines seront imitées notamment par MOLIÈRE[81].

TÉRENCE (190 –159) était, comme LIVIUS ANDRONICUS, un ancien esclave affranchi. Il était d'origine africaine, familier des Scipions et très cultivé. Il mourut assez jeune lors d'un voyage d'étude en Grèce.
Dans ses comédies, il pratiqua aussi la *contaminatio*. On possède de lui six comédies: *L'Andrienne, Hécyre, l'Héautontimorouménos* ("celui qui se punit lui-même"), *l'Eunuque, Phormion*, et *les Adelphes*, son chef-d'œuvre, dont s'inspira MOLIÈRE dans *L'école des maris (1661)*.
Son talent se manifeste dans la peinture des caractères et des sentiments. Malgré les contaminations, les personnages gardent des caractères bien unis et bien nuancés. Le ton est distingué et le style très pur. La langue est celle de la conversation, mais d'un niveau social élevé, sans jamais être vulgaire. Son théâtre était destiné aux lettrés hellénisés.

b. LA COMÉDIE LATINE OU *FABULA TOGATA* [82]

En réaction contre l'invasion de l'hellénisme dans le monde latin, se développa à l'époque de TÉRENCE *un théâtre comique totalement latin. Le décor n'est plus la Grèce mais de petites villes de province d'Italie, et les personnages sont des latins. Malgré tout, les intrigues et la structure des pièces restent très proches de celles des comédies grecques, et nous y retrouvons tous les types conventionnels de la comédie nouvelle. Nous n'avons malheureusement conservé aucune pièce de ce genre.*

c. LES ATELLANES

Au Ier siècle av. J.-C. se développa une nouvelle forme de comédie. Son nom vient de "Atella", petite ville de Campanie. Elle provient probablement d'un théâtre typiquement campanien qui existait à cette époque et mettait en scène les milieux les plus populaires, comme les artisans et les paysans de ces régions. Ce genre de comédie représentait des personnages-types dont les noms revenaient dans les différentes pièces, tels que "Pappus" (le Papé), "Maccus" (Simplet), un peu à la manière la Comedia dell'Arte *avec ses "Pantalon", "Polichinelle" ou "Arlequin".*
Les atellanes, comédies authentiquement populaires, eurent un succès énorme auprès du peuple mais, une fois encore, nous n'en possédons plus rien.

d. LE MIME

Le mime est attesté dès 211 av. J.-C. Il s'agit de pièces comiques ou même bouffonnes, qui se référaient parfois à l'actualité. Les sujets pouvaient être assez licencieux ou immoraux. Les acteurs ne portaient pas de masques et les rôles féminins étaient tenus par des femmes. Ce genre, qui plaisait au peuple, était encore très populaire à l'époque de César.

81. C'est le cas de *Amphitryon* et aussi de *l'Aulularia*, qui inspira *L'Avare* de Molière (1668).

82. Du nom du costume romain, la toge.

III. LA PHILOSOPHIE

La philosophie est née en Grèce ou, plus précisément, dans une région de la Grèce antique, l'Ionie, qui correspond aujourd'hui à la côte turque de la Méditerranée. Au VIIe s., cette région connut, avant Athènes, une grande prospérité économique. La curiosité pour la technique s'y développa et quelques savants, à Milet, menèrent des recherches sur des sujets concrets comme l'origine des éclipses, de la pluie, la nature du ciel, du soleil. Ils cherchaient également un principe unificateur qui serait à la base de toutes les choses si diversifiées que l'on voit dans le monde.

A. Les présocratiques

THALÈS DE MILET (VIIe - VIe s.av. J.-C.) est le plus ancien de ces savants. Il prédit l'éclipse de 585 av. J.-C., calcula la hauteur d'une pyramide, la distance d'un navire en mer. Pour lui, la substance unificatrice qui est derrière toute chose est **l'eau**.
ANAXIMANDRE DE MILET (VIe s.av. J.-C.) affirmait que l'homme provenait de l'évolution d'autres espèces animales et que la substance première était **l'air**.
ANAXIMÈNE DE MILET (VIe s.av. J.-C.) voyait dans une réalité abstraite, **l'infini** (*apeiron*), le principe unificateur.

Les Milésiens ne mettaient pas en doute la possibilité pour l'homme d'aboutir à une connaissance objective du monde qui l'entoure. Ils ne posaient pas le problème de la théorie de la connaissance. Leur quête était purement pratique, et aussi profane car leurs explications étaient étrangères à toute pensée religieuse. Ils étaient persuadés que, derrière la mobilité apparente du monde, derrière le changement, il y a une substance fixe. Une philosophie de ce genre est appelée ***monisme***.

Au milieu du VIe s. av. J.-C., l'Ionie fut envahie par les Perses, Milet détruite, et la plupart des philosophes contraints à résider dans d'autres régions, principalement en Italie du Sud et en Sicile (Grande Grèce).

PYTHAGORE (VIe s. av. J.-C.), originaire de Samos, fonda une société secrète en Italie du Sud dont le but était d'arriver à la purification et à la sainteté par des prescriptions superstitieuses, comme ne pas manger de fèves, ne pas ramasser ce qui est tombé... Il croyait en la transmigration des âmes (*métempsycose*) et prônait donc l'abstinence de viande.
Avec ses disciples, il fit de nombreuses recherches mathématiques. Il découvrit également les intervalles musicaux. Il appliqua ses découvertes mathématiques à la réalité. Pour Pythagore, l'élément unificateur était les **nombres.**

Les Pythagoriciens, dans la continuité des Milésiens, poursuivirent des recherches dans de nombreux domaines: mathématique, physique, astronomie... En se constituant en société secrète, ils introduisirent une croyance de caractère initiatique. Le savoir devint la propriété d'une minorité. Leur philosophie, considérée comme méthode de salut et comme règle morale, supposait donc l'existence du mal et introduisait la notion nouvelle de culpabilité.

HÉRACLITE D'ÉPHÈSE (vers 500 av. J.-C.) est une figure à part dans la philosophie. Surnommé "l'obscur" parce que son enseignement n'était pas didactique, il ne cherchait à former aucun élève. Il procédait par aphorismes, par énigmes: "*Tout s'écoule*", "*on ne peut se baigner deux fois dans le même fleuve*". Pour HÉRACLITE, la réalité qui nous apparaît comme immobile n'est en fait qu'un écoulement, une fluidité, un recommencement perpétuel, un déplacement sans modification. Pour lui, l'élément fondamental, qu'il appelait le *logos*, est comparable au **feu**. HÉRACLITE affichait un grand mépris pour HOMÈRE *(cf. p.4)*, les Milésiens ou PYTHAGORE... Il n'interrogeait que lui-même. *"On n'apprend rien en s'informant"*, disait-il. Pour lui, le savoir ne conduit pas à la compréhension du réel.

C'est chez XÉNOPHANE *qu'on va trouver l'amorce d'une véritable théorie de la connaissance.*

XÉNOPHANE DE COLOPHON (VIe s. av. J.-C.) eut, en Italie du Sud, une activité à peu près contemporaine de celle de PYTHAGORE. *"Si dieu n'avait pas créé le miel, les hommes trouveraient les figues bien plus sucrées".* Autrement dit: il n'y a pas de réalité objective, immuable. On ne connaît que celle à laquelle on accède par sa propre perception, différente de celle des autres individus. Ce qui nous semble vrai peut ne pas l'être.

A partir de XÉNOPHANE *apparaît un thème qui hantera toute la philosophie de l'Antiquité: l'opposition entre* ***opinion*** *et* ***science****. Cela débouchera sur trois attitudes:*
- *tout est faux (scepticisme);*
- *l'erreur existe, mais on peut la limiter. (C'est l'attitude de* XÉNOPHANE*);*
- *il faut chercher l'objet de la connaissance au-delà de ce qui semble vrai.*

Les philosophes de ***l'école d'Elée*** *(en Italie) trouveront une manière de résoudre cette opposition entre* ***être*** *et* ***apparence****.*

PARMÉNIDE D'ELÉE (500 – 450 av. J.-C.) affirmait: *"Ce qui est, est; ce qui n'est pas, n'est pas."* Tout ce qui est est donc ***l'être***, l'être est immuable, éternel; tandis que le ***non-être*** ne peut même pas être pensé. Cette déduction s'oppose au témoignage des sens, qui perçoivent que les choses qui nous entourent ne sont pas immuables, éternelles, mais qu'elles bougent, qu'elles changent. *"Tant pis pour les sens"*, disait PARMÉNIDE. Seule la réalité fixe, éternelle passe pour connaissable. Tout ce qui est devenir, sensation, ne vaut même pas la peine qu'on l'examine.

Le monisme sensible des Ioniens (eau, air...) est remplacé par un monisme de l'Etre immobile. Le matérialisme également: seul existe le pensable. L'influence de PARMÉNIDE *sera considérable, en particulier sur* PLATON *(cf. p.31).* PARMÉNIDE *eut aussi de nombreux adversaires contre lesquels un de ses disciples,* ZÉNON, *ne cessait d'argumenter.*

ZÉNON D'ÉLÉE (né vers 490 av. J.-C.) était considéré par ARISTOTE *(cf. p.32)* comme le père de la ***dialectique***, une façon d'argumenter qui consiste à faire admettre par son interlocuteur une idée de départ, puis à disposer des preuves de telle sorte qu'il ne puisse être en désaccord avec les conséquences qu'on en déduira. Ainsi, par ses "paradoxes", il arrive à prouver que tout mouvement est impossible (ex: Achille et la tortue[83]), que nos sens nous trompent en créant l'illusion, et que donc PARMÉNIDE a raison.

La philosophie de PARMÉNIDE *laissait à désirer. Les raisonnements artificiels de ses disciples n'expliquaient pas le pourquoi du monde divers et multiforme, le pourquoi de la pluralité, c'est-à-dire de la foule de couleurs, de végétaux, d'animaux, ni le pourquoi du mouvement, du devenir, de la mort. Trois philosophes se sont efforcés de "sauver les apparences".*

EMPÉDOCLE D'AGRIGENTE (début du Ve s. av. J.-C.), personnage étrange, s'habillant de pourpre, sorte de mage aux longs cheveux blancs, mêlait dans la doctrine qu'il enseignait des éléments rationnels et des éléments magico-religieux. Il refusa le monisme, en partant du principe que du singulier ne peut émerger le pluriel. Pour lui, il y avait quatre substances primitives: ***l'eau, le feu, la terre*** et ***l'air***. Tout ce qui existe est un mélange de ces quatre éléments. Cette théorie des quatre éléments eut un succès considérable et influença la science et la médecine jusqu'au XVIIIe s.
ANAXAGORE DE CLAZOMÈNE (500 – 428 av. J.-C.) affirmait: *"En toute chose, il y a une partie de toute chose".* Chaque substance contient des parcelles de tout ce qui

83. Si Achille, le plus rapide des guerriers grecs, affronte une tortue à la course, il suffit, dit ZÉNON, de laisser un peu d'avance à la tortue pour qu'Achille ne puisse jamais la rattraper. En effet, une fois Achille arrivé au point de départ de la tortue, celle-ci sera déjà un peu plus loin, en un point x; quand Achille sera au point x, la tortue sera encore un peu plus loin, et ainsi de suite, jusqu'à l'infini. Ce n'est évidemment pas le déroulement de la course telle que nos sens nous la décrivent, preuve que nos sens nous trompent et que le mouvement n'existe pas.

existe au monde. Les choses peuvent se transformer en obéissant à un processus semblable à celui de la nutrition. Si le blé que nous mangeons se transforme en chair et en os, c'est parce qu'il contient déjà d'infimes ***particules*** infiniment divisibles de chair et d'os. ANAXAGORE introduisit ainsi la notion d'infiniment petit. ANAXAGORE fut le maître de Périclès.

DÉMOCRITE D'ABDÈRE (né vers 460 av. J.-C.) a critiqué EMPÉDOCLE et ANAXAGORE. Il introduisit une notion nouvelle: celle du ***vide***, qui est différent du non-être. L'Etre, homogène, plein, continu, est composé de fragments indivisibles: les ***atomes***, entre lesquels il y a du vide. Chaque atome est, à lui seul, doué des mêmes caractéristiques que l'Etre. Les atomes tombent dans le vide, s'unissent et se désunissent. La diversité des phénomènes provient des diverses combinaisons de ces unions et de ces désunions.

Tous ces philosophes n'affichaient pas franchement un athéisme déclaré, mais leurs théories contrariaient les idées courantes du Ve s. av. J.-C., selon lesquelles les dieux étaient omniprésents dans tous les actes de la vie quotidienne, et qui poussaient les Grecs à rechercher leur protection par des sacrifices et des cérémonies en tout genre.

D'autres acteurs de la scène intellectuelle du Ve s. av. J.-C. heurtèrent aussi les idées religieuses de l'époque: les ***sophistes****, que l'on décrit souvent comme des charlatans, raisonneurs habiles, et souvent virtuoses de la mauvaise foi. Les sophistes étaient des professeurs itinérants qui, pour de l'argent, enseignaient surtout l'éloquence, l'art de parler pour convaincre. Un des exercices qu'ils pratiquaient était de prouver une chose, puis son contraire. On a conservé peu de leurs écrits. On les connaît essentiellement par* PLATON, *qui fut leur adversaire déclaré, et qui a donné leurs noms à plusieurs de ses dialogues:* PROTAGORAS, GORGIAS, HIPPIAS, PRODICOS...

PROTAGORAS D'ABDÈRE (480 – 400 av. J.-C.) commence à parcourir la Grèce à l'âge de 30 ans. Sa doctrine s'appuie sur la formule célèbre: *"L'homme est la mesure de toute chose"*. PROTAGORAS centre tout sur l'homme: il n'y a pas de vérité objective, rien n'est vrai *en soi*. Une sensation n'est vraie qu'au moment où on l'éprouve. Dès lors, on ne peut arriver à une connaissance précise des dieux. Il fut condamné pour impiété.

Les sophistes eurent un adversaire célèbre: SOCRATE. *Il est difficile de se faire une idée de qui fut réellement* SOCRATE, *car il n'a jamais rien écrit. On ne le connaît que par le témoignage de deux de ses élèves:* PLATON *et* XÉNOPHON, *et on pense généralement que le* SOCRATE *qu'ils ont dépeint est en majeure partie une construction.*

B. Socrate, Platon, Aristote

SOCRATE (470 – 399 av. J.-C.) vécut à Athènes, assez pauvre, mais content. Il circulait dans les rues et les gymnases en discutant, participait à des banquets et était suivi par de nombreux jeunes Athéniens (Alcibiade, Phédon...). Le but de ses discussions était d'arriver à une définition complète d'une notion comme le courage, la beauté... Pour SOCRATE, le but de la philosophie n'était pas l'étude des phénomènes naturels, mais celle de l'homme. Il faut donc "se connaître soi-même" (γνῶθι σεαυτόν)[84], comme l'annonce la formule gravée sur le fronton du temple de Delphes, pour vivre moralement et être heureux. La connaissance de la vertu suffit pour arriver au bonheur, car nul n'est méchant volontairement.

Sa méthode, la *"maïeutique"*, ou l'art d'accoucher, a une grande portée pédagogique. Par un jeu habile de questions, SOCRATE faisait corriger la première idée de son interlocuteur, puis l'amenait peu à peu à formuler avec lui une définition satisfaisante. Le disciple n'était donc pas enseigné par le maître, mais incité à affiner lui-même sa

84. "Gnôthi seauton".

propre réflexion. Le *dialogue* est l'élément essentiel de cette méthode. Au besoin, SOCRATE était capable de "faire la bête" pour amener son interlocuteur à se contredire. C'est ce qu'on appelle *l'ironie*. En forçant les gens à réfléchir, à reconnaître que leurs croyances ne reposaient que sur des préjugés, SOCRATE remettait en cause les fondements de la société athénienne du Ve s. av. J.-C., ce qui incitait les jeunes gens à tenir tête à leur père.

En 399, il fut accusé de corrompre la jeunesse et d'introduire de nouveaux dieux. Le premier chef d'accusation peut se comprendre dans le contexte de l'époque; le second est plus surprenant car SOCRATE admettait les dieux grecs traditionnels, même s'il ne leur accordait pas un rôle prépondérant. SOCRATE se défendit à peine, fut condamné à mort et but la ciguë.

SOCRATE est devenu très tôt une figure de proue de la philosophie occidentale, essentiellement grâce à PLATON qui, en plaçant sa doctrine sous le patronage de ce maître, lui a donné une autorité et une importance historique peut-être exagérées.

PLATON (428 – 347 av. J.-C.), de son vrai nom *Aristoclès*, était issu d'une famille athénienne aristocratique. Il s'attacha à SOCRATE à partir de 407 av. J.-C. Après la mort de son maître, il fit de grands voyages, puis fonda une école de philosophie à Athènes: *l'Académie*. C'est le premier, et le seul philosophe grec dont on possède ***l'œuvre complète*** (30 dialogues et une dizaine de lettres). L'œuvre se présente sous forme de dialogues auxquels SOCRATE participe généralement.
On distingue généralement:

- Les œuvres dites *de jeunesse* ou *socratiques*: *Hippias majeur, Apologie de Socrate, Gorgias*...
- Les œuvres dites *de la maturité*: *Le Phédon, Le Banquet, Le Phèdre, La République*...
- Les œuvres dites *de la vieillesse*: *Le Parménide, Le Théetète, Le Sophiste, Le Timée, Les Lois*...

PLATON avait un grand intérêt pour la politique. Son esprit très religieux et réactionnaire avait établi les principes d'une cité idéale, une théocratie totalitaire car, selon lui, seule l'autorité peut faire régner la justice. Dans cette cité, la science, telle qu'elle était conçue jusqu'alors, n'avait pas sa place, car elle aboutissait à l'athéisme. Il fallait donc la repenser. Avant PLATON, la science était la science du monde visible, concret, celui dans lequel nous vivons. Pour PLATON, la science devait avoir pour objet un autre monde, au-delà des sens, monde qu'il exposa dans deux dialogues: *Phèdre* et *Le Banquet*. C'est la ***théorie des Idées***.

Ainsi, dans *Phèdre*, un dialogue sur la Beauté, PLATON explique que les objets beaux qui nous entourent ne sont que partiellement beaux, puisqu'ils ne nous satisfont pas pleinement et que nous passons facilement de l'un à l'autre. Il en déduit que ces objets ne tiennent pas d'eux-mêmes leur beauté, mais qu'ils sont comme des ***reflets***, et que derrière la multiplicité des objets beaux, il existe une Beauté ***en soi***, une Beauté idéale, ***l'idée*** de Beauté. Il en va de même pour toutes les réalités du monde matériel, qui ont derrière elles des réalités idéales, éternelles et immuables. Ces réalités forment le *monde des Idées*, différent du monde des réalités concrètes, et nous le cherchons tous plus ou moins consciemment.

Pour PLATON, la philosophie peut nous aider à percevoir la Beauté idéale en percevant l'élément commun à tous les objets matériels beaux, puis en passant sur le plan spirituel, et enfin, en concevant cet élément commun en lui-même et non plus à travers ses reflets. Cette théorie du monde des Idées est illustrée par le célèbre "***mythe de la caverne***"[85]. Cette ascension de la pensée, PLATON la nomme *"dialectique"* (le mot n'est donc plus à comprendre, comme chez ZÉNON, comme "art du dialogue"). La connaissance du monde des Idées est possible, car l'âme les a contemplées dans une vie antérieure. La connaissance est donc en fait une *réminiscence*.

L'influence de PLATON fut considérable durant toute l'Antiquité. Le IIe s. ap. J.-C.

85. On trouve ce mythe de la Caverne dans *La République*, livre VII. Des hommes, attachés depuis la naissance dans une caverne, les yeux tournés vers le fond, n'ont jamais rien vu d'autre que des ombres d'objets projetées, depuis l'extérieur, sur la paroi. Pour ces hommes, les objets réels, ce sont ces ombres. si on leur révélait que ces objets ne sont que des ombres, des reflets, et non la réalité, ils auraient beaucoup de mal à l'admettre...

vit naître un courant philosophique que l'on nomma ***néo-platonisme***, dont le chef de file est PLOTIN[86].

Un des disciples de PLATON, ARISTOTE, est le premier à avoir établi un ***système philosophique complet****: logique, théorie de la connaissance, physique (philosophie de la nature), métaphysique (philosophie première), cosmologie et morale.*

ARISTOTE (384 – 322 av. J.-C.) est né à Stagire, une petite colonie ionienne du nord de la Grèce. Sa carrière fut liée à l'ascension de la monarchie macédonienne. Il suivit à Athènes les cours de l'Académie puis, en 341 av. J.-C., fut appelé par Philippe II pour servir de précepteur à son fils Alexandre le Grand. Lorsqu'Alexandre devint roi, ARISTOTE s'installa à Athènes où il fonda, lui aussi, son école de philosophie, le ***Lycée***. Dans la *Logique*, ARISTOTE décortique les mécanismes du raisonnement et la façon de formuler des énoncés corrects. Il étudie le fonctionnement du raisonnement de base qu'il appelle *"syllogisme"* [87].

Les idées maîtresses d'ARISTOTE sont exposées dans la *Physique* et dans la *Métaphysique*, en particulier la différence entre "puissance" et "acte". Rien, dans la nature, n'est entièrement accompli, entièrement réalisé, entièrement "*en acte*" (sauf Dieu, qui est parfait). Tout est *en puissance*, c'est-à-dire virtuel, en devenir constant, de la puissance à l'acte. Tout se modifie sans cesse entre ces deux limites et tend vers un état où il se réalise pleinement. Le passage de la *puissance* à *l'acte* est le *mouvement.*

Avec une érudition prodigieuse, ARISTOTE poursuivit ses recherches dans tous les domaines de la connaissance: philosophie, morale, politique, littérature et sciences naturelles.

Dans le monde antique, ARISTOTE ne cessa d'être commenté. Il finit par être considéré comme un génie surhumain qui avait trouvé pour tous les problèmes une solution définitive. La ***scolastique***, philosophie qui prévalait dans les écoles au Moyen Age, dérivait presque entièrement de lui. A la Renaissance, lorsqu'on redécouvrit ses textes, conservés et commentés par les Arabes (AVICENNE, AVERROÈS), son influence grandit encore.

C. Epicurisme et Stoïcisme

A côté de l'Académie et du Lycée, d'autres courants philosophiques se développèrent à Athènes au IVe s. av. J.-C.:

- ***les sceptiques*** *(PYRRHON), qui refusaient en toute circonstance de se prononcer, considérant que l'intelligence humaine ne peut atteindre la vérité objective;*

- ***les cyniques****, sortes de hippies de l'époque, qui contestaient radicalement la société de leur temps et affichaient un mode de vie assez provocant*[88]*;*

- le ***Jardin*** *d'ÉPICURE;*

- le ***Portique*** *(stoa) des STOÏCIENS.*

Ces deux dernières écoles connurent une destinée considérable. Dans une époque bouleversée par une grande instabilité politique, ces écoles ne recherchaient pas à fournir de grandes explications du monde, mais plutôt un art de vivre.

ÉPICURE (341 – 271 av. J.-C.), établi à Athènes en 306 av. J.-C., écrivit de nombreux ouvrages que l'on a perdus. Pour ÉPICURE, le sage se doit de rechercher le plaisir, mais uniquement le plaisir *naturel et nécessaire*. Il mènera donc une vie exempte des troubles de la passion, avec pour objectif *l'ataraxie* (absence de troubles) et pour slogan "vis caché". Sa physique s'inspire de celle de DÉMOCRITE: les êtres, animés ou inanimés, sont formés par la rencontre fortuite d'atomes, rencontre qui est possible grâce au "*clinamen*", la *déclinaison*, qui fait dévier et s'entrechoquer ces atomes. A la mort, les êtres retomberont dans le néant et les atomes se sépareront pour former de nouveaux êtres.

86. PLOTIN (205 – 270) est né en Egypte. il voyagea jusqu'en Inde, puis se fixa à Rome où il ouvrit une école de philosophie fréquentée par l'empereur Gallien. Son système, qui dérivait de PLATON, tentatit d'allier la rationalité de la philosophie grecque classique avec des expériences mystiques. Tout chose émane de l'Un (le Bien) et l'âme tend à y retourner.

87. "Tous les hommes sont mortels; or, Socrate est un homme; donc Socrate est mortel".

88. Le philosophe cynique le plus connu est **DIOGÈNE**, qui vivait dans un tonneau.

L'épicurisme *n'est donc pas conforme au sens courant que ce mot a pris en français. Il ne s'agit pas d'une recherche des plaisirs à tout prix, loin de là.*

Le mot ***stoïcisme,*** *lui aussi, a dérivé. De nos jours, il exprime surtout la fermeté devant le malheur. Le stoïcisme, en tant que mouvement philosophique, a duré environ 500 ans et si ses origines sont syriennes, il a compté ensuite beaucoup de Romains.*

ZÉNON DE CITIUM (332 – 262 av. J.-C.) est à l'origine du stoïcisme, mais cette doctrine est le fruit d'une élaboration progressive où les disciples ont joué un rôle aussi important que leur maître. Comme l'épicurien, le stoïcien recherche le bonheur, qui dépend de son attitude intérieure. Comme le stoïcien considère qu'il n'y a rien au-dessus de la nature (Dieu en est l'esprit) et que nous en faisons partie intégrante, il conclut que nous devons en accepter les principes rationnels, auxquels nous ne pouvons rien changer. Nos émotions doivent donc être soumises à la raison, et nous devons réduire nos désirs, pour atteindre *l'apathie* (l'absence d'affection) et accepter notre destin.

Ainsi, à l'époque hellénistique, la philosophie grecque a pris le contre-pied de ce qu'elle était à l'époque des présocratiques (cf. p.28). On ne recherche plus la connaissance de la nature, on cherche plutôt à baliser la conduite de la vie humaine. Cette démarche eut beaucoup de succès auprès de tempéraments aussi concrets que ceux des Romains. Désormais, on ne trouvera plus de grands philosophes aux idées novatrices, mais quelques penseurs qui adapteront et répandront les doctrines épicurienne et stoïcienne. Parmi ceux-ci on citera: LUCRÈCE, CICÉRON, ÉPICTÈTE, SÉNÈQUE, MARC-AURÈLE.

LUCRÈCE (99 – 55 av. J.-C.) *(cf. p.14)* expose la doctrine épicurienne dans un long poème, *De rerum natura*. Il cherche à atteindre la tranquillité de l'âme où l'on est débarrassé de deux grandes sources de troubles: la crainte des dieux et celle de la mort.

CICÉRON (106 – 43) *(cf. p.44)*, grand orateur romain, est l'auteur de quelques ouvrages philosophiques: *De la nature des dieux, Le Destin, Les paradoxes des Stoïciens...* Sans être un penseur profond et original, il exposa aux Romains avec clarté les idées des Grecs, en particulier celles de PANÉTIUS DE RHODES, un philosophe stoïcien.

SÉNÈQUE (4 av. J.-C. - 65 ap. J.-C.), originaire de Cordoue en Espagne, fut le précepteur de Néron. Par ailleurs auteur de tragédies en latin *(cf. p.23-24)*, SÉNÈQUE prêchait le stoïcisme en développant surtout son aspect moral: il faut se plier aux nécessités de la vie sans en être prisonnier, et créer en soi la paix de l'âme en s'élevant au-dessus de toute atteinte extérieure, qu'elle vienne des hommes ou des événements. SÉNÈQUE était une âme élevée, mais faible, et sa conduite fut souvent en contradiction avec les idées de vertu qu'il affichait.

La philosophie antique qui, au départ, était une recherche purement profane visant à comprendre les phénomènes de la nature aboutit donc, à l'époque romaine, à une démarche essentiellement centrée sur l'homme, à la recherche d'un art de vivre qui permette d'affronter l'adversité. Elle déboucha sur une ***sagesse pratique*** *qui subsiste dans les expressions* "être philosophe" *ou* "prendre les choses avec philosophie", *c'est-à-dire accepter avec patience les revers du sort et les contrariétés de la vie quotidienne.*

L'éthique des stoïciens a eu une influence certaine sur la morale des chrétiens, qui se répandait au moment où écrivaient SÉNÈQUE, MARC-AURÈLE *et* ÉPICTÈTE.

IV. L'HISTOIRE ET LA GÉOGRAPHIE

A. Les débuts

Comme en philosophie, le goût de la recherche qui caractérise les Grecs d'Ionie au VIe s. av. J.-C. ainsi que leur besoin de mieux comprendre le monde dans lequel ils vivent vont les pousser à enquêter sur leur passé, à reconstituer des généalogies de héros par exemple, ou, lorsqu'ils voyagent, à décrire les mœurs des peuples étrangers qu'ils rencontrent. Le mot histoire vient de l'ionien " ἱστορίη *"* [89]*. Le premier grand historien antique,* HÉRODOTE, *est issu de la lignée ionienne.*

B. La période classique

HÉRODOTE (480? – 425?), originaire d'Halicarnasse en Asie Mineure, était un grand voyageur. Il doit avoir parcouru l'ensemble du monde connu de son époque, et s'est intéressé aux nombreux pays qu'il visitait (climat, végétation, faune...) ainsi qu'aux mœurs de leurs habitants, telles que les pratiques alimentaires, sexuelles, croyances religieuses, organisation politique... A la lumière de tous ces renseignements, il va s'attacher à préserver le souvenir des "grands et merveilleux exploits accomplis tant par les Barbares que par les Grecs", en accordant une attention particulière au conflit qui les opposa: les ***guerres médiques***.
L' ἱστορίης ἀπόδειξις [90], "l'exposé des recherches" d'HÉRODOTE est divisé en neuf livres portant chacun le nom d'une Muse. Les quatre premiers retracent la montée de l'empire Perse depuis sa fondation par Cyrus en 541, les cinq autres concernent les guerres médiques proprement dites. Le récit d'HÉRODOTE, qui n'a pas de limites précises dans le temps ou dans l'espace, manque parfois de précision. Dès qu'un personnage important intervient, HÉRODOTE n'hésite pas à remonter le temps pour en donner la généalogie; quand il s'agit d'un peuple, il aime multiplier anecdotes et digressions. Ainsi, par exemple, le Livre II est tout entier consacré à l'Egypte.
HÉRODOTE possède un réel talent de conteur. Son style est simple et facile. Il ne cherche pas à créer des effets: son souci est de faire connaître les événements qu'il croit vrais. Toujours sincère, mais parfois naïf, il relate, souvent sans les mettre en doute, des faits que lui rapportent des guides locaux dans les régions visitées.
Il offre en tout cas une abondance extraordinaire d'informations pour qui veut connaître la Grèce et l'Orient antiques. Son œuvre riche et touffue, écrite en ionien, lui a valu, pour CICÉRON, le titre de "***Père de l'histoire***."

Par son manque d'esprit critique, HÉRODOTE *ne présente pas encore les qualités d'un historien moderne. Il ne faudra pas attendre longtemps pour trouver, dans la littérature grecque, un écrivain qui les possède pleinement:* THUCYDIDE.

THUCYDIDE (460? – 395?) appartenait à l'aristocratie athénienne. Il fut élève d'ANAXAGORE et du rhéteur ANTIPHON. Sa richesse, acquise en exploitant des mines d'or en Thrace, était considérable. En 424, il fut nommé stratège en Thrace et ne put empêcher la chute de la ville d'Amphipolis. Cet échec lui valut un long exil de 20 ans loin d'Athènes. Il mit cet exil à profit pour réaliser un projet conçu de longue date: écrire l'histoire de la guerre qui opposait les deux cités les plus puissantes de la Grèce: Athènes contre Sparte dans la ***guerre du Péloponnèse***.

- *La guerre du Péloponnèse* raconte donc le long conflit que mena *sa* cité et dont il fut un témoin privilégié. Son premier souci est l'exactitude. Il énonce des règles précises de *critique historique* et élimine de son récit toute forme de merveilleux ou toute intervention divine. Son analyse des événements est rigoureuse. Il s'efforce continuellement de comprendre les faits et d'en rechercher les causes, d'expliquer

89. " ἱστορία" en attique.

90. *Historiès apodeixis*: "exposition des faits historiques".

leur enchaînement. Son œuvre, d'une rare intelligence, restera, comme il le souhaitait, "un trésor pour toujours".

HÉRODOTE *et* THUCYDIDE *ont d'emblée fait atteindre à l'histoire un double point de perfection. Les historiens du IVe siècle n'étaient pas de la même lignée. La seule œuvre historique qui ait survécu est celle de* XÉNOPHON.

XÉNOPHON (430? – 355?) est issu d'une riche famille aristocratique d'Ahtènes. Il suivit l'enseignement de SOCRATE. En 401, son ami Proxène l'engagea à prendre part à l'expédition de Cyrus le Jeune contre son frère aîné Artaxerxès, qu'il voulait remplacer à la tête de l'Empire perse. Ce fut un échec. Après la défaite de Cunaxa, il prit la tête des mercenaires grecs qui avaient survécu, et les ramena à travers l'Anatolie, jusqu'à la mer Noire (la "retraite des Dix Mille"). Il servit ensuite le roi de Sparte, Agésilas, combattit contre Athènes, fut exilé, et vécut alors dans le riche domaine qu'il possédait à Scillonte, dans la région d'Olympie. Il mourut à un âge avancé.
L'œuvre de XÉNOPHON est très diverse. On y trouve: un manuel de commandant de cavalerie (*l'Hipparque*), un *traité de l'Equitation*, une *Apologie de Socrate*, un manuel du parfait propriétaire terrien et du bon époux (*l'Economique*).
Il fait œuvre d'historien dans *les Helléniques* et dans *l'Anabase*.

- *Les Helléniques* continue l'ouvrage de THUCYDIDE, mais jamais avec le même talent. La chronologie est floue, l'explication des événements et de leurs causes est rare. XÉNOPHON est souvent partial, ébloui par Agésilas, le roi de Sparte, et n'explique le déclin de la puissance spartiate que par l'intervention des dieux.
- *L'Anabase* montre plus de qualités. En sept livres, à la troisième personne, l'auteur raconte dans un style simple et clair, pittoresque et précis, le parcours malheureux des Grecs qui prirent part à l'expédition de Cyrus le Jeune, leur découragement après la défaite de Cunaxa et leur long et pénible parcours en territoire ennemi jusqu'à la mer ("Thalassa! Thalassa!").
- La *Cyropédie*: premier ***roman historique***, raconte la vie de Cyrus le Grand (roi de Perse de 599 à 530). XÉNOPHON y dresse le portrait du souverain idéal; peu importe si la vérité historique doit être sacrifiée pour atteindre ce but.

C. La période hellénistique

A l'époque hellénistique (période allant de la mort d'Alexandre le Grand à la conquête romaine, de 320 à 150 av. J.-C. environ), l'histoire et la géographie renouent avec le goût de l'enquête cher aux Ioniens. Les récits de voyages où foisonnent les détails de toutes sortes sont nombreux. C'est aussi l'apogée de la géographie théorique.

ÉRATOSTHÈNE (276-202) fut appelé à Alexandrie pour être précepteur du jeune Ptolémée Philopator. Dans la célèbre bibliothèque de la ville, il fit de longues recherches pour éclairer la géographie au moyen de la géométrie, de la physique et de l'astronomie. Il put, par exemple, calculer la longueur d'un méridien.

Vers 350, un genre nouveau apparaît à Rome: les ***"annales"****, appelées ainsi parce que les faits sont présentés année par année. Les premiers annalistes latins écrivaient en grec. Par la suite, ils adoptèrent le latin, quelquefois en vers, comme* ENNIUS *(Cf. p.11, 23). Généralement, ils se bornent à énumérer des faits, avec comme objectifs principaux d'exalter Rome et de défendre leur classe sociale.*

D. La République romaine

L'histoire devient, à Rome, un genre très florissant. Tandis que, en langue grecque, elle ne produira plus que des écrivains de seconde catégorie. Parmi ces derniers, on citera:

POLYBE DE MÉGALOPOLIS (208–126) est originaire du Péloponnèse. Envoyé comme otage à Rome, il y resta 18 ans. Il devint l'ami de Romains importants, comme Scipion Emilien. Il se prit d'admiration pour leur culture et fit de Rome sa seconde patrie. Il accompagna Scipion dans ses campagnes et assista à la prise de Carthage en 146 av. J-C.
Il entreprit d'écrire une *Histoire Générale* en 40 livres dans laquelle il raconta les événements les plus importants de son temps, pour être utile aux hommes d'Etat en analysant les faits et leurs causes. POLYBE voyagea beaucoup, eut accès à des sources multiples (archives de Rome, de Macédoine...) et réalisa un excellent travail d'historien, sans être un très bon écrivain.

DIODORE DE SICILE (Ier s. av. J.-C.) a imité de nombreux auteurs qui avaient écrit l'histoire de différents Etats pour composer sa *Bibiothèque historique*, une histoire universelle qui remonte avant la guerre de Troie pour aboutir aux conquêtes de César en Gaule.

Au Ier siècle avant J.-C., deux grandes figures d'historiens marquèrent la littérature latine: CÉSAR *et* SALLUSTE.

JULES CÉSAR (CAIUS JULIUS CAESAR, 100 – 44). Issu d'une famille patricienne qui prétendait descendre d'Enée, neveu de Marius, César reçut une instruction très complète à Rome, puis se perfectionna en rhétorique à Rhodes. Il fut très tôt engagé dans le parti populaire et conduisit une extraordinaire carrière politique qui le mena jusqu'au consulat (59) et à la dictature (48-44). Il conquit les Gaules et sortit vainqueur de la guerre civile qui l'opposait à Pompée. Il fut assassiné à Rome lors d'une séance du sénat aux ides de mars 44.
Les deux principales campagnes militaires qu'il mena firent l'objet de "*Commentaires*".

- *Commentarii de bello gallico; Commentarii de bello civili.* Avec beaucoup d'intelligence et de précision, CÉSAR relate les événements auxquels il a participé. Etant le plus souvent le témoin direct des faits, ses sources sont donc de premier ordre. La valeur historique de son œuvre doit pourtant parfois être nuancée. Jamais on ne constate d'erreur notable, mais, comme un des objectifs de CÉSAR était de convaincre les Romains de la nécessité de son intervention en Gaule, on peut le suspecter de présenter les faits d'une manière qui ne lui est jamais défavorable, et de rester évasif sur ses motivations profondes. D'un point de vue littéraire, le texte est bien composé, le ton vivant, le style clair et pur.

SALLUSTE (86 – 35) est né à Amiterne, en Sabine, dans une famille aisée. Sa carrière politique, émaillée d'affaires et marquée par plusieurs échecs, ne fut pas une réussite. Elle lui permit pourtant de s'enrichir et, après l'assassinat de CÉSAR, son protecteur, il se retira dans le somptueux palais qu'il avait fait construire sur le Quirinal. Il vécut dix années encore, qu'il occupa à écrire.
Ses deux œuvres principales sont *La conjuration de Catilina* et *La Guerre de Jugurtha.*

- *La conjuration de Catilina* relate le complot contre Rome qu'ourdirent en 63 av. J.-C. des patriciens ruinés et mécontents, puis la découverte de la conjuration par CICÉRON, consul à l'époque, et la déroute de l'armée des conjurés à Pistoia, en 62.
- *La guerre de Jugurtha* décrit la guerre que Rome mena entre 112 et 106 contre le roi des Numides.

SALLUSTE, attentif aux problèmes sociaux, écrit une histoire politique et psychologique. Son impartialité est variable. Il écrit pour prouver: prouver que CÉSAR n'était pas impliqué dans la conjuration de Catilina, prouver l'immoralité et la cupidité des aristocrates de son temps, justifier le parti démocratique... Sa critique des vices de son époque paraît hypocrite quand on connaît sa vie. Cependant, il sait mettre en lumière les faits importants et leurs interactions. Son style est rapide et concis.
Il aime la dissymétrie et recherche l'imprévu. Portraits, discours et digressions

rehaussent le récit à bon escient. De nombreux archaïsmes émaillent le texte, car il cherche à s'éloigner du langage ordinaire.

E. L'Empire

Deux autres grandes figures latines d'historiens marquent l'époque: TITE-LIVE *et* TACITE. *Les autres auteurs, qu'ils écrivent en grec ou en latin, sont des écrivains de second ordre.*

TITE-LIVE (59 av. J.-C. – 17 ap. J.-C.) est né à Padoue et a vécu à Rome. Familier de la famille impériale, il n'a vécu que pour son œuvre, à laquelle il a consacré 40 années de sa vie: écrire l'histoire du peuple romain. Commencé en 24 av. J.-C., son texte fut publié par tranches et connut aussitôt la célébrité.

- Son *Histoire Romaine* (*Ab urbe condita libri*) comprenait 142 livres. Il n'en reste que 35. Homme indépendant, honnête, patriote et idéaliste, TITE-LIVE admirait les vertus des anciens Romains: simplicité, austérité, courage, civisme, piété... Son but est clair: élever un monument à la grandeur de Rome et donner des exemples de ce qu'il faut imiter et éviter. En puisant dans l'œuvre de POLYBE et des premiers annalistes, en ne cherchant pas à consulter des sources originales ou à voyager, TITE-LIVE reconstitue les faits avec bon sens et sincérité, mais se laisse parfois aveugler par son patriotisme. Les narrations sont vivantes, les descriptions précises. Il ne trace pas de portrait, comme SALLUSTE, mais met en lumière le caractère des personnages par leur comportement, leurs réactions face aux événements ou les paroles qu'il leur fait prononcer (on compte 400 discours sur les 35 livres qui nous restent). Son style est ample et majestueux; sa langue est très claire.

TACITE (± 55 – ± 120) est né dans un milieu provincial de Gaule narbonnaise. Son père fut sans doute fonctionnaire impérial en Belgique. Il mena de front une carrière d'avocat et une carrière politique qui le conduisit au consulat en 97 et au gouvernement de la province d'Asie en 112-113.
Son œuvre est variée:

- Les *Histoires*, composées sous Trajan, traitent en 14 livres la période qui commence à la mort de Néron, en 68, et se termine avec le règne de Domitien.
- Les *Annales*, composées après les *Histoires*, relatent des faits plus anciens: les règnes de Tibère, Caligula, Claude et Néron.

TACITE se sert de documents officiels, mais puise le plus souvent ses sources dans les écrivains qui l'ont précédé, qu'il compare et critique. Il attache beaucoup d'importance aux informations orales relevées chez ses contemporains qu'il n'hésite pas à solliciter (par exemple, les deux lettres de son ami PLINE LE JEUNE sur l'éruption du Vésuve).

Sincère et impartial, TACITE est aussi très pessimiste, toujours porté à voir le mauvais côté des hommes et des choses. Son style est admirable d'énergie et de concision. Il tient à éviter ce qui est ordinaire, et recherche l'effet. Ses phrases sont souvent brisées, pleines de dissymétries.

- Dans le *Dialogue des orateurs*, TACITE exprime des idées philosophiques d'inspiration cicéronienne.
- *De Agricola*, est un éloge de son beau-père, qui avait pris part à la conquête de la Grande-Bretagne sous Hadrien. C'est aussi une violente critique de l'empereur Domitien.
- *La Germanie* oppose le luxe de la Rome décadente à la simplicité des Barbares.

D'autres historiens se firent un certain renom sous l'Empire. On citera VELLEIUS PATERCULUS *et* VALÈRE MAXIME, *qui écrivirent sous Tibère une œuvre de courtisans particulièrement flatteuse pour l'empereur,* QUINTE CURCE, *et surtout* SUÉTONE.

QUINTE CURCE (Ier s. ap. J.-C.) auteur d'une biographie romancée: *Histoire d'Alexandre le Grand.*

SUÉTONE (75 – 160), très cultivé et érudit, fut le secrétaire de l'empereur Hadrien.
- *La vie des douze Césars,* l'œuvre principale qu'on a conservée, propose les portraits vivants des empereurs de César à Domitien. Elle révèle un historien dont la démarche est fort proche de celle des auteurs modernes: recherches dans les archives, documents insérés textuellement... L'œuvre de SUÉTONE a dû être abondante et toucher des domaines variés: grammaire, sciences, étude de mœurs... dont peu de titres nous sont parvenus.

F. Autres auteurs écrivant en grec

DENYS D'HALICARNASSE (Ier s. av. J.-C.), rhéteur et historien, qui vécut à Rome vers 30 av. J.-C. Ses *Antiquités romaines* manquent totalement d'esprit critique et il utilise abondamment les œuvres des anciens annalistes latins. Son œuvre s'arrête là où commence celle de POLYBE *(cf. p.36).*

STRABON (65 av. J.-C.), né à Apanée, vécut à Rome. Il écrivit une *Histoire* qui fait suite à celle de POLYBE, dont il ne reste que des fragments, et une *Géographie* dont nous avons conservé les 17 livres presqu'intégralement. STRABON n'a pas visité tous les pays qu'il décrit; les informations qu'il donne sont donc de valeur inégale.

FALVIUS JOSÈPHE (57 – 95 ap. J.-C.), juif de Jérusalem venu à Rome sous Néron, est l'auteur de la *Guerre des Juifs*, racontant le soulèvement de la Judée et la prise de Jérusalem par Titus. FLAVIUS JOSÈPHE a assisté aux événements qu'il décrit: sa valeur historique est très grande, même s'il est souvent complaisant pour ses compatriotes. Sa valeur littéraire est moindre, car il maîtrise mal le grec. Il a traduit son œuvre initialement écrite en hébreu.

PLUTARQUE (46 – 120) naquit à Chéronée, en Béotie, voyagea beaucoup, vécut à Athènes et à Rome, et revint finir sa vie dans sa ville natale. Il fut grand prêtre du temple d'Apollon à Delphes. Esprit curieux, il étudia toutes les sciences de son temps et publia une œuvre très variée en particulier dans deux domaines: la philosophie morale et l'histoire.
- Ses *Vies parallèles*, nous livrent 22 biographies de Grecs et 22 biographies de Romains, qu'il met en parallèle (Thésée et Romulus, Alexandre et César, Démosthène et Cicéron...).

Grâce à ses nombreuses lectures, il nous transmet des anecdotes intéressantes et curieuses, sans se préoccuper d'en critiquer l'authenticité. Son grand talent de narrateur rend toujours son récit intéressant.

PAUSANIAS (LE PÉRIÉGÈTE) (IIe s. ap. J.-C.) naquit en Lydie et parcourut la Grèce dans tous les sens. Il réunit toutes ses observations de voyageur, les descriptions des endroits visités et renseignements historiques glanés pour composer un véritable guide touristique: *l'Itinéraire.*
ARRIEN (95 –175 ap. J.-C.), admirateur de XÉNOPHON, écrivit une *Anabase,* qui raconte les conquêtes d'Alexandre, et un ouvrage sur l'Inde.
APPIEN (IIe s. ap. J.-C.), grec d'Alexandrie, écrivit une *Histoire Romaine.*

L'histoire, en Grèce, ne mit pas longtemps à produire un chef d'œuvre. Vingt-cinq ans après HÉRODOTE, qui avait réussi à dégager l'histoire de ses origines épiques, apparut THUCYDIDE, le seul grand historien de son époque, modèle d'esprit critique et de réflexion sur les faits. Il ne fut jamais égalé par ses continuateurs. Il fallut attendre la fin de la République romaine et l'Empire pour trouver à nouveau des historiens exceptionnels: SALLUSTE, CÉSAR, puis TACITE.

V. AUTRES GENRES

A. La fable

La fable, ce genre littéraire particulier qui part d'une anecdote de la vie des animaux pour en tirer une morale utile pour les hommes, est née en Grèce aux premiers temps de la littérature. On trouve chez HÉSIODE *et chez* ARCHILOQUE *des passages qui s'en rapprochent. Tout le fond populaire des fables grecques était, dès l'Antiquité, attribué à* ÉSOPE. *Mais il semble bien qu'il n'en ait écrit aucune.*

ÉSOPE (VIe s. av. J.-C.). On connaît peu de choses de la vie d'ÉSOPE, et ce qu'en disent les anciens en font parfois un personnage qui tient plus de la légende que de la littérature. On sait qu'il fut esclave à Samos et qu'il mourut à Delphes de mort violente. Au IIIe s. av. J.-C., des recueils de *Fables d'Esope* furent publiés, mais il s'agit de fables que racontait ÉSOPE, pas qu'il aurait écrites.

BABRIOS (IIe s. ap. J.-C.) a écrit des fables en vers inspirées de celles d'ÉSOPE.

Tout ce répertoire de fables ésopiques (on en recense 584!) était connu des Romains. Un auteur s'en inspira lorsqu'il écrivit son œuvre: PHÈDRE.

PHÈDRE (±15 av. J.-C. – ± 70 ap. J.-C.) est né en Thrace. Affranchi d'Auguste, il vécut jusqu'au règne de Claude. Il écrivit 123 fables, dont les sujets sont, pour la plupart, repris d'ÉSOPE. Les fables originales révèlent un sens certain de l'anecdote et une certaine amertume contre les puissants. Il a largement inspiré JEAN DE LA FONTAINE (XVIIe s.).

B. Le roman

Le genre littéraire le plus populaire aujourd'hui est né, lui aussi, dans l'Antiquité, à une époque assez tardive. Il s'est développé à partir du Ier s. ap. J.-C. Le plus ancien roman connu est, semble-t-il, Chéréas et Callirhoé, *de* CHARITON, *qui remonte au Ier s. de notre ère.*
On cite également quatre autres romans grecs:
- *les* Ephésiaques *de* XÉNOPHON D'ÉPHÈSE,
- Leucippé et Clitophon, *d'*ACHILLE TATIUS,
- Daphnis et Chloé, *de* LONGUS *et*
- *les* Ethiopiques *d'*HÉLIODORE.

Nous reviendrons sur ces deux derniers, ainsi que sur deux auteurs latins, PÉTRONE *et* APULÉE.
Quelques traits sont communs aux romans grecs et latins. Il s'agit toujours d'histoires d'amour: deux jeunes gens amoureux sont séparés juste avant leur mariage; ils vont connaître de nombreuses épreuves avant de se retrouver, toujours aussi amoureux l'un de l'autre. Les romans grecs incitent toujours au dépaysement, dans le temps ou dans l'espace. Certains d'entre eux appartiennent au roman historique. Par exemple, Chéréas et Callirhoé *fait faire au lecteur un bond dans le temps de quatre siècles, jusqu'en 413 av. J.-C., après l'expédition de Sicile. D'autres, comme* Les Ethiopiques, *font voyager les héros dans les pays les plus divers et les plus lointains. Cette littérature d'évasion reste la plupart du temps anonyme. On ne sait que peu de chose de la vie de leurs auteurs.*

LONGUS (IIe - IIIe s.) entraîne ses lecteurs sur l'île de Lesbos, dans un décor de campagnes idéales qui doit beaucoup à SAPPHO et à THÉOCRITE.
- *Daphnis et Chloé*, jeunes citadins naïfs et beaux, y vivent une histoire d'amour charmante et contrariée.

HÉLIODORE (IIIe- IVe s.) était un Phénicien d'Emèse.

- Ses *Ethiopiques*, inspirèrent l'opéra *Aïda* de Verdi (1871).
- *Théagène et Chariclée*, dans un récit qui les emmène de Delphes en Ethiopie, vivent de nombreuses aventures avant de pouvoir s'aimer tranquillement au bout du dixième livre.

PÉTRONE (? – 65 ap. J.-C.). Beaucoup d'incertitude enveloppe encore l'identité de cet auteur. Il est probable que PÉTRONE soit une des figures les plus marquantes de la *jet-set* romaine, et intime de Néron.

- le *Satyricon*, célèbre roman du 1er s. ap. J.-C. Ce roman déroutant narre les aventures qu'un marginal, Encolpe, vit avec deux compagnons dévoyés dans différents milieux, souvent assez dépravés, de la société romaine. Une grande partie de l'ouvrage est perdue. Il reste des passages très réalistes, comme le festin chez Trimalcion, un riche affranchi étalant son luxe avec ridicule. Le *Satyricon* n'est pas une œuvre de simple divertissement. PÉTRONE nous fait pénétrer au cœur des milieux décrits, allant jusqu'à reproduire avec beaucoup de vie le langage des classes populaires. En s'efforçant à représenter un milieu de son temps, parfois assez banal, PÉTRONE se rapproche de la conception moderne des ***romans réalistes***.

APULÉE (env. 125 – 170) appartenait à une riche famille de Numidie (Afrique du Nord). Il voyagea beaucoup pour ses études (Carthage, Athènes, Egypte...) puis rentra à Carthage où il devint un avocat réputé. APULÉE est un conteur-né. Il composa plusieurs ouvrages philosophiques et oratoires, mais le plus célèbre est un roman:

- *Les Métamorphoses* (ou *L'Ane d'or*) raconte l'histoire d'un homme transformé par erreur en âne plutôt qu'en oiseau, à cause d'une confusion de pommades magiques. Il doit, pour redevenir un homme, brouter des roses, mais il vivra de nombreuses aventures avant d'y parvenir.

C. La littérature scientifique

On peut s'étonner de trouver, dans un ouvrage consacré à la littérature, un chapitre consacré à des traités scientifiques. Aujourd'hui, les manuels de mathématique, d'économie, de sciences, ne présentent, en effet, que peu d'intérêt du point de vue du style. Leur objectif est de rendre claires les théories qui y sont exposées, par le recours constant à la formalisation mathématique ou à la représentation graphique.

Dans l'Antiquité, au contraire, quel que soit le sujet du livre à écrire, on se mettait dans la peau d'un écrivain, et on avait des préoccupations d'ordre esthétique ou stylistique. Certains traités sont même écrits en vers, comme les œuvres de LUCRÈCE *ou les* Géorgiques *de* VIRGILE.

La majeure partie de la littérature scientifique date de l'époque hellénistique (env. 320 à 150 av. J.-C.). Auparavant, le genre se confond avec la philosophie, tant les recherches sont d'ordre général: il s'agit de comprendre le monde. On a cité THALÈS, PYTHAGORE, DÉMOCRITE, *et* ARISTOTE *qui fit la synthèse des connaissances de son temps. Une autre figure importante est à retenir:* HIPPOCRATE.

HIPPOCRATE (460 – 377), originaire de Cos, écrivit de nombreux traités de médecine en dialecte ionien. L'authenticité de certains d'entre eux est discutée. Il est toujours célèbre pour son serment[91].

La période hellénistique fut riche de savants, qui travaillaient dans les grandes bibliothèques constituées à Alexandrie, Pergame, Antioche, Syracuse... Ils se spécialisèrent sur des sujets très pointus et écrivirent des ouvrages dans les domaines les plus divers: grammaire, mathématique, géographie, botanique...

Avec le géographe ÉRATOSTHENE *(cf. p.35), les grandes figures de l'époque sont:*

91. On peut lire une traduction du serment d'Hippocrate sur le site: *www.ordre-medecin-nord.org/ConseilOrdre/SermentHippocrate.htm*

EUCLIDE (IVe s. av. J.-C.), qui vécut à Alexandrie et qui condensa dans ses *Eléments* les travaux des géomètres qui l'ont précédé.

ARCHIMÈDE (287 – 212) était un remarquable ingénieur. Il travailla à Alexandrie puis en Sicile. Il laissa de remarquables traités sur le cercle, la sphère, le cylindre... et jeta les bases du calcul infinitésimal.

Les Romains héritèrent de tout le patrimoine scientifique grec, mais ces bâtisseurs et agriculteurs s'intéressaient surtout à la recherche appliquée. On vit ainsi apparaître des ouvrages de vulgarisation destinés à la consultation quotidienne, dans les domaines très pratiques: ***l'agriculture, l'architecture*** *et* ***le droit****.*

Nous aborderons plus loin CATON, *qui laissa un* Traité d'agriculture *au IIe s. av. J.-C. Ce recueil de conseils pour la bonne gestion d'un domaine se termine par une série de recettes contre les maladies les plus diverses. A côté de* VIRGILE, *et son traité d'agriculture en vers,* les Géorgiques *(cf. p.14), nous citerons encore:*

VARRON (116 – 27), bourreau de travail et de lecture, publia sur les sujets les plus variés. Ses choix politiques le rangèrent plutôt du côté de Pompée. Mais après la guerre civile, il se réconcilia avec César, qui le chargea d'organiser les premières bibliothèques publiques. VARRON est peut-être le Romain qui a le plus écrit. Nous avons conservé:

- *De Lingua Latina*, vaste ouvrage grammatical en 25 livres,
- *Rerum Rusticarum Libri III*, traité d'agronomie faisant la synthèse de ses nombreuses lectures et de ses expériences personnelles.

COLUMELLE (Ier s. ap. J.-C.), espagnol de Gadès qui vécut longtemps à Rome, écrivit *De Re Rustica*, un traité d'agriculture simple et précis.

*Tous les ouvrages de l'Antiquité qui traitaient d'****architecture*** *sont perdus, sauf celui de* VITRUVE.

VITRUVE (Ier s. av. J.-C) écrivit le *De Architectura* qu'il dédia à l'empereur Auguste. Ancien ingénieur des armées de César, il a synthétisé les apports des spécialistes hellénistiques pour composer un traité de construction clair et précis. C'est grâce à VITRUVE que nous connaissons, par exemple, la distinction des trois ordres: dorique, ionique et corinthien.

FRONTIN (Ier s. ap. J.-C.), haut personnage, plusieurs fois consul, responsable des eaux à Rome, nous laisse un agréable petit ouvrage: *De Aquae Urbis Romae*, sur les aqueducs de Rome.

Dans le domaine des sciences, une figure se détache, celle de PLINE L'ANCIEN. *Les deux caractéristiques des écrivains scientifiques romains sont soit la clarté technique, soit l'abondance de l'information. Dans le cas de Pline, on trouvera surtout la seconde.*

PLINE L'ANCIEN (23 – 79) est né à Côme. Comme CATON et VARRON, il avait la manie d'écrire abondamment sur tous les sujets. Il nous reste les 37 livres de ses *Naturae historiarum libri* (*Histoire naturelle*), immense compilation sans méthode ni critique sur l'univers, l'homme, les animaux, les végétaux, les minéraux, etc. Même si sa valeur littéraire est très inégale, l'œuvre de PLINE L'ANCIEN reste très précieuse pour la somme des données transmises. Il mourut lors de l'éruption du Vésuve, victime de sa curiosité scientifique.

D. La lettre

Le fait d'écrire à ses proches fait-il d'un homme un écrivain? Sans doute, si cette correspondance est destinée à être publiée. Trois auteurs antiques sont restés célèbres pour leur correspondance: CICÉRON, SÉNÈQUE *et* PLINE LE JEUNE.

Les lettres de CICÉRON *n'ont vraisemblablement pas été écrites en vue d'une publication. Elles révèlent l'intimité du grand homme qui se livre avec beaucoup de franchise. Elles sont un témoignage irremplaçable pour mieux comprendre l'histoire romaine entre 68 et 44 av. J.-C.*

A l'inverse, les Lettres à Lucilius, *de* SÉNÈQUE, *n'ont sans doute jamais été envoyées. Il s'agit de petits traités de morale stoïcienne dont la forme épistolaire n'est vraisemblablement qu'un artifice de style.*

Entre les deux apparaît l'épistolier par excellence de la littérature latine, PLINE LE JEUNE. PLINE *a-t-il écrit ces lettres pour les envoyer? La question reste posée...*

PLINE LE JEUNE (62 – 113) est le neveu de PLINE L'ANCIEN. Sa carrière fut brillante. Avocat renommé, il fut questeur, préteur, consul en 100, puis gouverneur de Bithynie. Sa fortune était considérable, ses villas magnifiques, et ses chasses réputées. Ses lettres sont le reflet de la vie mondaine qu'il a connue. Avec beaucoup d'élégance, on y trouve des remerciements, des invitations, de nombreuses descriptions de paysages, de villas, d'œuvres d'art, le récit d'événements marquants, comme l'éruption du Vésuve et quelques discussions sur des problèmes moraux ou littéraires. Le dernier des neuf livres publiés renferme la correspondance qu'il eut, en tant que gouverneur de Bithynie, avec l'empereur Trajan *(Panégyrique de Trajan).*

E. L'éloquence

Le système politique et judiciaire d'Athènes et de beaucoup de cités grecques favorisa, aux Ve et IVe s. av. J.-C., le développement d'un genre littéraire particulier: l'éloquence, c'est-à-dire l'art de bien s'exprimer en public. L'éloquence fut également en vogue à Rome sous la République, puis le genre devint beaucoup plus artificiel sous l'Empire et finit par disparaître.

Le rôle des ***sophistes*** *est prépondérant dans le développement de ce genre littéraire. Les premiers orateurs connus,* ANTIPHON *(480 - 411),* ANDOCIDE *(445 – 390), ont appris des sophistes l'art d'argumenter avec subtilité et de donner du relief à leurs idées, mais leur style est encore un peu raide. L'âge d'or de l'éloquence en Grèce se situe dans la première moitié du IVe siècle. Parmi les orateurs de renom, on citera:*

LYSIAS (440 – 380), fils d'un Syracusain, vint à Athènes sur les conseils de Périclès et devint le logographe[92] le plus en vogue à Athènes après la chute des Trente tyrans en 404. Il écrivit près de deux mille plaidoyers! On n'en a conservé qu'une trentaine, se rapportant à des procès politiques ou privés (*Pour l'invalide, Contre Eratosthène, ...*). Son style est d'un naturel parfait, tout à fait adapté à la personne qui devait prononcer le discours.

ISOCRATE (436 – 338) suivit les leçons du sophiste PRODICOS et celles de SOCRATE. Spécialisé dans l'éloquence d'apparat, son œuvre la plus connue est le *Panégyrique*. Il ouvrit à Athènes une école de rhétorique vers 399 qui fut particulièrement réputée. PLATON dit de lui qu'il était "le maître de la Grèce".

ISÉE fut le maître de DÉMOSTHÈNE. Son éloquence est sobre et vigoureuse. Il reste douze de ses discours qui traitent d'affaires de succession.

ESCHINE (390 – 325) ne débuta comme orateur qu'à plus de 40 ans. Il nous reste de lui trois discours, que les Anciens appelaient "les trois Grâces": *Contre Timarque, Sur l'ambassade* et *Contre Ctésiphon*. Ecrivain brillant, il savait faire preuve de clarté et de légèreté autant que de vigueur et de véhémence. Dans le contexte politique trou-

92. Ecrivain qui composait des plaidoyers pour des clients obligés de plaider en justice.

blé de la première moitié du IVe siècle, quand Athènes était menacée par la montée en puissance de Philippe II de Macédoine, il était partisan de la paix et s'opposa au plus grand orateur politique que la Grèce ait connu: DÉMOSTHÈNE.

DÉMOSTHÈNE (384 – 322) eut des débuts difficiles. La première fois qu'il monta à la tribune, il fut chassé par les huées. Sans se décourager, il s'appliqua à corriger ses défauts et s'exerça, dit-on, à déclamer le long de la mer avec des galets dans la bouche.

Ses principales harangues, *les Philippiques, les Olynthiennes*, le discours *Sur la Chersonèse*, en firent une des figures dominantes du parti de la guerre qui, de 340 à 338, dirigeait les affaires de la cité. DÉMOSTHÈNE voua sa vie à la liberté d'Athènes. Son éloquence est imprégnée de l'énergie qu'il dépensa dans ce but. Elle est pleine de force, pour arracher ses compatriotes à leur insouciance, pour exprimer la haine qu'il ressent pour Philippe et pour les partisans de la paix, mais aussi l'amour qu'il éprouve pour sa ville, sa liberté et sa grandeur. Son éloquence est pleine d'habileté, capable de présenter certains faits avec une clarté évidente, et d'en embrouiller d'autres avec adresse s'ils ne servent pas sa cause.

L'éloquence de DÉMOSTHÈNE doit aussi beaucoup au travail. Il sait utiliser à bon escient la *période*[93] et la faire alterner avec des phrases plus courtes. On ne trouve jamais d'hiatus qui choque les auditeurs, ni plus de trois syllabes brèves successives. Dès l'Antiquité, sa réputation fut énorme. CICÉRON le considérait comme le plus grand des orateurs grecs.

Le talent de DÉMOSTHÈNE *ne suffit pas pour empêcher Philippe de Macédoine d'étendre son pouvoir sur toute la Grèce. C'est* ***la fin de l'éloquence attique****. Plus aucun orateur de renom n'est à citer en Grèce. En un demi-siècle, trois modèles d'éloquence fort différents auront donc marqué la littérature:* LYSIAS, *à l'éloquence simple et naturelle,* ISOCRATE, *au style harmonieux et irréprochable, et* DÉMOSTHÈNE, *le plus vigoureux et le plus complet.*

Une autre période de l'Antiquité verra à nouveau l'éloquence refleurir: la ***République romaine****. Aussi subitement que l'éloquence attique, elle cessera d'être en vogue dès les débuts de l'Empire.*

La parole publique fut très tôt à l'honneur à Rome, mais les textes antérieurs au IIIe s. sont perdus. CICÉRON *cite quelques noms d'orateurs de cette époque, mais, au Ier siècle, leurs œuvres avaient déjà disparu. Celui que l'on cite comme le premier orateur latin est* APPIUS CLAUDIUS CAECUS *(consul en 307 et en 296, créateur de la Via Appia), qui prononça en 280 un discours resté célèbre contre la paix proposée par Pyrrhus.*

Au début du IIe s. av. J.-C., lorsque les conquêtes étendirent le territoire de Rome vers l'Est, le goût de l'hellénisme gagna les familles de l'aristocratie. Cette mode attira à Rome de nombreux rhéteurs grecs qui eurent beaucoup de succès auprès des jeunes Romains, naturellement doués pour la parole. Le sénat tenta de limiter la propagation de l'hellénisme, mais avec peu d'effet. Au Ier siècle, des rhéteurs romains ouvrirent aussi des écoles: ils y enseignaient le même art... mais en latin.

Les grands orateurs de l'époque, dont nous n'avons conservé que quelques fragments, étaient SCIPION ÉMILIEN, TIBÉRIUS GRACCHUS, GAIUS GRACCHUS, LICINIUS CRASSUS *et* ANTOINE, *mais celui qui marqua le plus cette époque fut* CATON.

CATON (234 – 149) est né à Tusculum, dans le Latium, dans une famille de paysans. Dans sa jeunesse, il travailla aux champs, mais sa volubilité lui permit de défendre avec succès la cause de paysans des environs. Monté à Rome, il devint questeur et se posa comme le défenseur des anciennes valeurs romaines, adversaire des mœurs grecques. Cet homme austère, énergique et intègre fut nommé censeur en 185 et exerça son mandat avec une extrême sévérité.
Il écrivit un traité *De Agricultura* et prononça de nombreux discours qu'il mit par

93. Longue phrase dont l'assemblage des éléments est harmonieux.

écrit à la fin de sa vie. Il en restait 150 au temps de CICÉRON. Aujourd'hui, les quelques fragments restants révèlent une éloquence encore rude, mais pleine de verve et de vigueur. C'est à 80 ans qu'il se mit à apprendre le grec.

En peu de temps, l'éloquence latine atteignit sa maturité. Ayant assimilé toutes les qualités de la littérature grecque, elle sut s'adapter aux réalités romaines. Les causes à défendre étaient nombreuses. A Rome, grâce aux conquêtes, les richesses étaient abondantes, et les malhonnêtetés aussi. Scandales, violences, illégalités se multipliaient, tout comme les procès, criminels ou politiques. Il fallait être capable de manier le latin juridique le plus précis en se faisant comprendre par les jurys les plus divers.
Malheureusement, nous n'avons pratiquement rien conservé des grands orateurs de cette époque. On sait que CÉSAR *publia des discours qu'il avait prononcés. D'après* TACITE, *il se classe parmi les plus grands. On le croit facilement quand on voit avec quelle justesse il composa, dans ses* Commentaires, *quelques discours qu'il prête parfois aux personnages principaux. Le seul orateur dont nous possédons l'œuvre presque complète est sans doute le plus grand:* CICÉRON.

CICÉRON (106 – 43 av. J.-C.) est originaire d'Arpinum, petite ville du Latium. Pendant ses études à Rome, il aimait écouter les orateurs ANTOINE et CRASSUS, sur le forum. Il devint très tôt un avocat renommé et son génie oratoire lui ouvrit une brillante carrière politique qui le mena jusqu'au consulat en 63 av. J.-C.

CICÉRON était un homme modéré. Son programme politique visait à ramener l'ordre dans l'Etat. Comme édile[94], déjà, il avait obtenu la condamnation de Verrès, gouverneur corrompu de Sicile. Elu consul, il écrasa la conjuration de Catilina, un agitateur qui tenta de soulever la plèbe et de renverser la République. Mais il fut condamné à l'exil en 58 parce qu'il avait fait exécuter sans jugement les complices de Catilina. Rappelé à Rome l'année suivante, sa carrière politique était néanmoins ruinée. Il ne put prendre clairement position pour Pompée ni pour César. A la mort de ce dernier, il attaqua Antoine et favorisa Octave. Quand les deux hommes s'unirent dans le second triumvirat avec Lépide, il fut proscrit et prit la fuite. Il fut rejoint et décapité le 7 décembre 43.

La place manque ici pour évoquer toutes les œuvres de CICÉRON.
Parmi les discours prononcés lors d'affaires criminelles, on retiendra *Les Verrines* (70), *Pro Fonteio* (69), *Pro Rabirio Postumo* (54), pour des affaires de détournement de fonds publics *Pro Murena* (63), *Pro Sestio* (56), *Pro Caelio* (56), *Pro Milone* (52), pour des affaires de manœuvres électorales.

Parmi les discours politiques, on citera surtout *Les Catilinaires* (rédigées en 60, prononcées en 63 et), *contre Catilina* et les 14 *Philippiques* qu'il prononça en 44 et 43 contre Antoine.

L'éloquence de CICÉRON n'a peut-être pas la vigueur de celle de DÉMOSTHÈNE, mais elle séduit par son habileté. CICÉRON sait faire preuve de tact, d'humour, de pathétique. Il met du pittoresque dans ses portraits et ses descriptions. Son style, classique par excellence, est d'une grande pureté, harmonieux et varié, sans que l'on sente jamais rien de forcé.

CICÉRON publia également des traités de rhétorique (*De Oratore, Brutus, Orator*), des ouvrages philosophiques et quelques poèmes. On a conservé également sa ***Correspondance*** qui révèle un homme digne, dévoué à sa famille, à ses amis, épris d'ordre public, un intellectuel ouvert, généreux et humaniste.

On peut sans doute considérer CICÉRON comme ***le plus grand homme de lettres de l'Antiquité.***

Avec l'Empire, la véritable éloquence disparut. La rhétorique devint un genre artificiel et mondain. Des maîtres de renom avaient un certain succès en se complaisant, devant un public choisi, à des exercices au raffinement sans portée. Plus aucun nom ne ressort de cette époque.

94. Magistrat chargé de l'inspection des édifices et des jeux, et de l'approvisionnement de la ville.

F. La littérature chrétienne

La langue du christianisme fut d'abord le grec: la Bible a été traduite en grec à Alexandrie, sur l'ordre des Ptolémées, dès le IIIe s ap. J.-C. C'est en Orient que le christianisme se développa le plus tôt et le plus vite, et qu'il suscita les premiers apologètes[95].
De la première période dite des ***"Pères apostoliques"*** *(fin Ier s., début du IIe s.), il ne reste que de rares écrits. La plupart sont des exhortations morales.*

SAINT IRÉNÉE (±150 – début IIIe s.) est originaire d'Asie Mineure. En Gaule, il devint prêtre puis évêque de Lyon. Deux ouvrages nous sont parvenus en entier.

- *Adversus haereses* (*Contre l'hérésie*) est essentiel pour la connaissance des premières hérésies et celle de la foi chrétienne au IIe s. Traduite très tôt en latin (vers 200-250), le style y est simple et clair.

CLÉMENT D'ALEXANDRIE (±150 – 215), grand lecteur qui possédait une culture étendue de la littérature grecque et surtout des philosophes. C'est un des premiers humanistes chrétiens qui vise à une harmonieuse union de l'idéal religieux et de l'idéal de culture.
ORIGÈNE (185 – 254), écrivit des œuvres exégétiques, dogmatiques, polémiques et des traités ascétiques. Il eut beaucoup d'influence sur la pensée et les écrivains chrétiens jusqu'au Ve s. Ses *Homélies* expliquent l'Ecriture à l'usage du peuple.

*Le IVe siècle est marqué par deux événements importants pour l'histoire de l'Eglise chrétienne: l'avènement de Constantin (***Edit de Milan***, 313) et la reconnaissance officielle du christianisme, ainsi que la réunion du* ***Concile de Nicée*** *(325). L'Eglise, réconciliée avec le profane, utilisera les ressources de celui-ci pour enseigner sa doctrine, exposer ses dogmes, combattre les hérésies et prêcher la morale.*

EUSÈBE DE CÉSARÉE (vers 265 – 340), prêtre et évêque, écrivit un nombre considérable de traités développant la doctrine d'ORIGÈNE. Travailleur acharné, il laisse une œuvre considérable constituée principalement d'écrits historiques.
SAINT BASILE (vers 330 – 379), né en Cappadoce, enseigna d'abord la rhétorique, puis mena une vie d'ascète. Ordonné prêtre puis évêque, il instruira son peuple et défendra l'orthodoxie catholique contre l'empereur arien Valens.
SAINT GRÉGOIRE DE NAZIANCE (vers 330 – 390), cappadocien, ascète et défenseur de l'arianisme[96] à Constantinople où il sera nommé évêque. C'est un véritable orateur, de par sa sensibilité et son imagination féconde.
SAINT GRÉGOIRE DE NYSSE (vers 335 – 395), frère cadet de Saint Basile, fut initié par lui à la rhétorique et l'accompagna dans son ascétisme. Il voulait montrer qu'il n'y a aucune opposition entre foi et raison, mais son style est obscur.
SAINT JEAN CHRYSOSTOME (345 – 407) est né à Antioche. Ordonné évêque de Constantinople, il chercha à réformer le clergé et les chrétiens de sa ville. Il fut surtout un pasteur et un moraliste. Son éloquence est proche de son auditoire; il met tout en œuvre pour convaincre. C'est le plus éloquent des Pères grecs.

Les premiers siècles de la littérature chrétienne en latin sont marqués par l'affirmation de cette nouvelle croyance et par les persécutions.

TERTULLIEN (vers 155 – 225), est né, païen, à Carthage. Converti au catholicisme et ordonné prêtre, il adhéra au montanisme, secte réputée pour son austérité et son rigorisme. Théoricien violent, d'un esprit clair et précis, il mit ses connaissances et sa formation de juriste romain au service de ses convictions. Il écrivit en grec et en latin. Seul l'héritage latin nous est parvenu sous la forme de 31 ouvrages.
L'*Apologétique* est une défense véhémente et très habile des chrétiens persécutés, adressée aux gouverneurs de province.

95. qui écrivent des apologétiques, apologies de la religion chrétienne.

96. hérésie des ariens, qui niait la consubstantialité du Fils avec le Père et fut condamnée au concile de Nicée.

MINUCIUS FÉLIX (fin IIe – début IIIe s.), avocat d'origine africaine qui se convertit au christianisme à un âge avancé, écrivit l'*Octavius*, dialogue entre l'auteur et ses deux amis, Octavius, chrétien et Caecilius, païen.
SAINT CYPRIEN (début IIIe s. – 258), né à Carthage, converti puis ordonné prêtre, fut élu évêque et mourut décapité. D'un caractère calme, pondéré, il sut allier prudence et fermeté dans le gouvernement de son Eglise. Il nous a laissé *Les Lettres*, où l'on peut apprécier comment s'unissaient chez lui une sensibilité personnelle et des principes directifs très nets.
LACTANCE (vers 260 – 325) est né en Afrique et fut l'élève d'ARNOBE, grand professeur de rhétorique. Il enseigna la rhétorique et se convertit vers 300. Les *Divines Institutions* sont un exposé complet de la doctrine chrétienne en 7 livres où il cherche à montrer que la religion païenne est absurde et contradictoire, que la vraie sagesse et la justice résident dans les grands dogmes chrétiens.

Ensuite, le christianisme triomphera, pour devenir la religion maîtresse de l'Empire et la religion d'Etat.

SAINT HILAIRE (315 – 367), premier docteur de l'Eglise latine, est un Gaulois, issu d'une famille païenne, qui deviendra évêque de Poitiers. Il défend l'orthodoxie (*Sur la Trinité*), commente les Ecritures (Saint Mathieu), rassemble une documentation historique (*Fragmenta historica*) et écrit des hymnes. Son œuvre est dominée par sa lutte contre l'hérésie arienne[94]. Son style est vigoureux.
SAINT AMBROISE (vers 335 – 397) naquit à Trèves. Devenu évêque dans sa ville, il influença fortement Théodose, le contraignant à refuser toute faveur au paganisme et à soutenir l'orthodoxie chrétienne. Il fut un grand administrateur et homme d'action et, par sa parole et ses écrits, l'un des docteurs les plus estimés de l'Occident. Dans le traité *De officiis ministrorum*, il fond les préceptes essentiels du stoïcisme dans la morale du christianisme.
SAINT JÉRÔME (347-420) est né en Dalmatie. Il fonda un monastère, puis mena une vie d'anachorète dans un désert syrien pendant plusieurs années. Ordonné prêtre, il devint directeur de conscience de grandes dames romaines. A Bethléem, il fonda un couvent où il étudia l'Ecriture. Travailleur acharné et d'une grande culture, trilingue (latin, grec, hébreu), il s'astreignit, pour établir le texte de la Bible, à de laborieuses recherches. Il la traduisit en un latin presque populaire, proche de la langue parlée de son époque. Cette traduction suscita de multiples oppositions et ne fut définitivement adoptée qu'au XVIe s. par le concile de Trente.
SAINT AUGUSTIN (354 – 430), naquit en Afrique. Il s'était rallié au manichéisme, qui représentait la vie comme une lutte entre deux principes égaux, celui du Bien et celui du Mal. Mais l'influence de ST AMBROISE et la lecture de la Bible l'amenèrent à la conversion. Ordonné évêque d'Hippone (Numidie, Algérie actuelle), il se consacra à l'instruction des fidèles et à la lutte contre les hérésies. ST AUGUSTIN a laissé une œuvre immense, philosophique, morale et dogmatique, qui donna lieu à un courant de pensée chrétien: l'augustinisme, resté référence majeure de l'Occident chrétien jusqu'au XIIIe s., puis à nouveau au XVIIe s. Dans *Les Confessions*, texte autobiographique, il décrit sa lente et douloureuse ascension vers la foi catholique, de façon à glorifier Dieu et à montrer les bienfaits de la grâce sur le pécheur.

Alors que l'Empire d'Occident s'écroulait, l'Empire d'Orient ne reprit pas la tradition des grands centres littéraires et artistiques. Dans ces domaines, Constantinople ne fut jamais l'égale d'Athènes ou d'Alexandrie.

L'exceptionnel foisonnement créatif qui avait animé les lettres grecques et latines se tarit. Les érudits byzantins se passionnèrent pour des querelles théologiques et des discussions philosophiques d'intérêt secondaire.

Cependant, en copiant et en conservant les grands textes des auteurs anciens, ils contribuèrent à leur survie. Les lettrés byzantins qui se répandirent en Occident après la chute de Constantinople ouvrirent la voie à la Renaissance...

INDEX

averbode ÉDUCATIF

LES LITTÉRATURES GRECQUE ET LATINE
Auteurs: Françoise De Rouck, Jean-Marie Parizel, Bernadette Renoirde
Avec la collaboration de: Rosine Hérens.
Rédaction: Anne Scieur
Mise en pages: Jo De Baerdemaeker
48 pages

D/2005/39/89
ISBN 90-317-2094-1